Krippengeflüster

Magnus Striet

Krippengeflüster

Weihnachten zwischen Skepsis und Sehnsucht

Matthias Grünewald Verlag

VERLAGSGRUPPE PATMOS

PATMOS
ESCHBACH
GRÜNEWALD
THORBECKE
SCHWABEN

Die Verlagsgruppe
mit Sinn für das Leben

MIX
Papier aus verantwortungsvollen Quellen
FSC® C083411
FSC www.fsc.org

Für die Schwabenverlag AG ist Nachhaltigkeit ein wichtiger Maßstab ihres Handelns. Wir achten daher auf den Einsatz umweltschonender Ressourcen und Materialien.

Bibliografische Information der Deutschen Nationalbibliothek
Die Deutsche Nationalbibliothek verzeichnet diese Publikation in der Deutschen Nationalbibliografie; detaillierte bibliografische Daten sind im Internet über http://dnb.d-nb.de abrufbar.

2. erweiterte Auflage 2015

www.gruenewaldverlag.de

Umschlaggestaltung: Finken & Bumiller, Stuttgart
Umschlagabbildung: David-W-/Photocase.de
Druck: CPI – Ebner & Spiegel, Ulm
Hergestellt in Deutschland
ISBN 978-3-7867-3061-3 (Print)
ISBN 978-3-7867-3062-0 (eBook)

Inhalt

9 Zur Einführung

15 I. Zwischen Sehnsucht und Glaubenszweifel

16 *Sehnsüchtiges Innehalten – ein menschliches Grundbedürfnis*

19 *Keine Weihnacht ohne Karfreitag*

20 *Das Ärgernis der Gottesgeburt – früh erahnt*

22 *Gott macht sich gleich*

24 *Religionsfreudigkeit und Weihnachtshärten*

29 II. Die Härte der Erfahrung

29 *Umdenkprozesse. Humane Selbstbehauptung gegen den Sündengott*

33 *Der gottesbedürftige Mensch*

37 *Kein ursprüngliches Paradies, sondern eine riskante Schöpfung voller Zumutungen*

38 *Unter Spannung, der Mensch*

40 *Gott ernst nehmen und fragen*

43 **III. Gott streitet um sein Gottsein**
44 *Schöpfungsglaube und Erwartung*
46 *Jesus – ein Exeget des Glaubens Israels*
49 *Historische Ernüchterung als Gewinn*
51 *Israels ewige Auszeichnung aus allen Völkern*
54 *Weihnachten – Gott macht sich zum Exegeten seiner Wahrheit, als Mensch*
55 *Eröffnung von Christsein und Erfahrung von Pluralität*

57 **IV. Würdigung der Existenz**
59 *Kein abstrakter, sondern ein konkreter Glaube*
62 *Weihnachten als natürliches Mysterium des Menschen*
65 *Nicht Seinsgeraune, sondern konkretes Eingedenken. Zu Martin Heidegger*
69 *Von Erlösung reden, nicht vom Sein*

72 **V. Entmachtung der Verfeindungszwänge**
73 *Neigung zum Bösen*
74 *Verloren ins Dunkle der Freiheit, der Ursprung des Bösen*
75 *Grund zur Hoffnung*
77 *Verfeindung und Angst*
78 *Ermutigung durch Anerkennung, Marianisches*
83 *Immer noch aktuell*
85 *Eucharistie und Umkehr*

86 **VI. Schönheit und Bitternis der Sünde**
86 *Schuld ja, aber*
89 *Sünde – nicht einfach nur Schuld*
93 *Wer glaubt, der handelt*

95 VII. Erlernen des Staunens
96 *Welterleben und Selbstfraglichkeit*
97 *Größe und Elend des Menschen*
98 *Staunen können, antworten müssen*
102 *Freisein – konkret*
104 *Weihnachten und die Freude am Daseindürfen*
107 *Weihnachtliches Staunen*

110 Epilog
110 *Traurige Sehnsucht*
113 *Glauben – nicht wissen*

115 Anmerkungen

Zur Einführung

Dieses Buch – eher muss man sagen: ›Büchlein‹ angesichts der Größe des Themas – geht insofern ungewöhnliche Wege, als es eine freimütige Interpretation des Weihnachtsfestes riskiert. Gerade so aber versucht es, die Bedeutung von Weihnachten neu zu entdecken.

Weihnachten gehört zwar zu den wichtigsten Festen der Menschheit, und dies bis heute. In maßgeblich durch das Christentum geprägten Gesellschaften wird es ritualisiert gefeiert, es setzt eine deutliche Zäsur in den Jahresablauf. Aber damit ist nicht gesagt, dass ihm noch eine ›religiöse‹ Bedeutung zugeschrieben würde. Religiosität ist mehr als ein dumpfes Gefühl. Religiosität bedeutet, dass sich der Mensch zurückbindet an einen letzten Grund. Geschieht solche Rückbindung wirklich und bleibt sie nicht nur äußerlich, so durchzieht das den Menschen bis in die letzten Fasern seiner Existenz. Eine solche Religiosität muss sich nicht notwendig an einen Grund zurückbinden, der Gott genannt wird. Zumindest ist dies nicht notwendig ein Gott, wie ihn die monotheistischen Religionen und damit auch das Christentum voraussetzen: Ein Gott, der etwas anfangen kann und der der Geschichte mächtig ist, sich in sie einmischen kann, ein Gott, der allmächtig ist. Wie auch immer sich der Mensch aber religiös versteht, so bindet er in dieses religiöse Selbstverstehen seine ganze Existenz ein. Und da es in einem religiösen Selbstverstehen immer um das Ganze geht, geht es in ihm auch um den anderen Menschen, die Geschichte – die Welt.

Natürlich ist der Mensch mehr als das, was Vernunft genannt wird. Er hat ein Leibbewusstsein, das nicht in Reflexion aufgeht, das unmittelbar ist. *Darum* zu wissen ist aber bereits nicht mehr unmittelbar. Soweit wir wissen, ist der Mensch das einzige Wesen, das sich selbst bestimmen kann, das heißt das frei ist und das sich in seiner Freiheit mit Gründen orientieren kann. Was dem Menschen widervernünftig erscheint, kann dann aber nicht akzeptabel sein. Sich vernünftig orientieren zu wollen, bedeutet jedoch nicht, auch alles verstehen zu können. Deshalb ist die Rede davon, dass der Glaube an Gott einfach sei, zumindest fragwürdig. Das Leben selbst ist zu kompliziert, in seiner Sinnhaftigkeit immer wieder zu sehr angefragt, als dass ein allzu einfacher Glaube Antwort und Halt geben könnte. Jedenfalls aber bestehen zwischen ›einfach‹ und ›naiv‹ gravierende Unterschiede. Und drastischer: Wer vom lieben Gott redet, und darüber verschweigt, dass es Tsunamis gibt und Kinder an elendigen Krankheiten sterben, wer selig Weihnachten unterm Tannenbaum feiert und vergisst, dass weltweit kriegerische Auseinandersetzungen geführt werden, wird zynisch. Oder aber hat vergessen, dass Gott doch angeblich allmächtig ist.

Die vorgelegten Meditationen laden dazu ein, sich dem Weihnachtsfest in einer – zumindest manchmal – ungewohnten Weise neu zu nähern. Ungewohnt zum einen für die, denen eine bestimmte Logik des Glaubens zur zweiten Haut ihrer religiösen Existenz geworden ist. Der Akzent wird hier anders gesetzt. In diesen Meditationen kommt kein Erlöser in das Jammertal unserer Sünden, und folglich wartet der fiktive Krippenbetrachter dieser Meditationen auch nicht mehr darauf, dass dieser Mensch für unsere Sünde gekreuzigt wird, auf dass sich Gott mit uns versöhnen kann. Selbstverständlich kann man christlich Weihnachten nicht ohne den Karfreitag, die zweifelnde Stille des Karsamstags und Ostern feiern. Aber der Auslegungsakzent wird anders gesetzt. Gott wird in diesen Meditationen nicht Mensch, um dann schließlich am Kreuz die Sünde Adams und mit ihr unser aller Sünde zu sühnen, wie die theologische Tradition über lange Zeit behauptet hat und teils heute noch behauptet, sondern um in allem unser Menschsein mit uns zu teilen, die Freude am Dasein, aber auch die Schrecken, die dieses kennt. Und indem Gott als Mensch das Menschsein teilt, will er zugleich erfahrbar machen, wer er sein will für den Menschen: Der, von dem es in Exodus 3,14 heißt *Ich bin der, der ich für Euch da sein werde* – ein Gott unbedingter Liebe. Die Rede von der Sünde wird damit in eine andere Dimension, die des Glaubens, hineingestellt. Sünde ist dann zunächst nicht mehr, dies oder das getan oder auch nicht getan zu haben. Sondern vor Gott angstvoll nur den eigenen Möglichkeiten zu vertrauen. Aber wer will dann noch entscheiden, wer überhaupt zu sündigen vermag und wann die Sünde möglich wird … Ungewohnt wird diese Auslegung der Sünde für die sein, die die alte Katechismuslogik inhaliert haben. Aber vielleicht ja auch befreiend.

Ungewohnt sind diese Annäherungen an das Weihnachtsfest womöglich aber auch für die, denen der überlieferte Glaube – aus welchen Gründen auch immer – in ihrem Leben fremd geworden ist. Nicht, dass sie nicht noch von einer Sehnsucht erfüllt wären, gerne glauben zu wollen. Nur dass sie einfach nicht mehr wissen, was denn überhaupt noch geglaubt werden kann, ohne in einen dauerhaft nicht auszuhaltenden Konflikt mit dem ansonsten Gewussten und Erfahrenen zu geraten.

Vielleicht ermutigen die hier vorgelegten Meditationen ja dazu, sich nochmals neu auf die Glaubenstradition einzulassen, die im alten Israel begann und die Christinnen und Christen dann in dem Bekenntnis zu dem Juden Jesus von Nazareth konzentrierten.

›Krippengeflüster‹ – der Titel dieses ›Büchleins‹ versucht, auf die vermutete Situation der Sprachlosigkeit einzugehen. Man möchte wohl glauben, lässt sich in den Bann ziehen und besucht die Krippe, die Erinnerungen an die Religiosität der Kindheit kommen hoch, aber das ›Aber…‹ lässt die Skepsis nicht still werden. Das Buch reagiert hierauf und lädt zur eigenen Meditation ein: Könnte nicht, trotz aller Zweifel, doch etwas dran sein an der Sehnsucht von Weihnachten? An der Sehnsucht nach Weihnachten? Könnte nicht auch noch eine Melancholie, die sich beim Betrachten der Krippe breitmacht, Ausdruck einer tiefen Sehnsucht des Menschen nach einem menschlichen Gott sein? Auch dann noch, wenn die Botschaft – dass dieses Kind wirklich Gott ist – nicht oder nicht mehr geglaubt werden kann? Manchmal mögen die vorliegenden Meditationen schonungslos ernüchternd wirken. Und das sind sie auch. Wer nur gefühlvoll – oder gefühllos? – Weihnachten feiern will, der wird an diesem Büchlein keine Freude haben. Aber feiert er dann ›Weihnachten‹? Die in der Weihnachtsliturgie gelesenen biblischen Texte sind voller Freude, hört man aber genau hin, so äußert sich die Freude über das Kommen des Messias vor dem Hintergrund einer sehr realistischen, an Härte nicht zu steigernden Wahrnehmung des Lebens und der Geschichte. Diesen Realismus aus der Weihnachtsstimmung auszusparen, sich nur dem bürgerlichen Wohlbefinden einer Unterbrechung des Alltags zu überlassen, verkennt, was das Weihnachtsfest in einem theologisch verantwortbaren Sinn zu vergegenwärtigen versucht: Dass Gott selbst in die Welt eingeht, ganz Mensch wird, um als Mensch seine treue Entschiedenheit für den Menschen unter den Bedingungen der Freuden, aber eben auch der Härten des Lebens offenbar werden zu lassen.

Doch wollen diese Meditationen die Freude an Weihnachten gerade nicht verderben. Sie suchen ernst zu nehmen, dass diese Welt einzig und allein die Schöpfung Gottes ist – und dass von Anfang an Gott selbst sich in seine Schöpfung ›einfleischen‹ wollte, um unter den konkreten Bedingungen menschlicher Existenz seine Entschiedenheit für uns erfahrbar werden zu lassen. Wer wirklich Weihnachten feiert, meditiert sich in diesen Gott hinein. Und darüber verändert sich ihr/ihm das Leben. An einen bedingungslos der Welt zugewandten Gott glauben zu können, erlöst den Menschen bereits jetzt davon, alles selbst leisten zu müssen und der Verzweiflung zu erliegen angesichts dessen, dass der Tod das letzte Wort über den Menschen haben könnte und keine innerweltliche Macht den Gemordeten der Geschichte ein Hoffnungswort sagen kann.

Den hier vorgelegten Meditationen liegt eine erste Fassung zugrunde, die im Jahr 2007 erschien. Der Text wurde so gründlich umgearbeitet, dass die Erstfassung mit dem Erscheinen dieser Fassung ihre Gültigkeit verliert. Literatur wurde um der Lesbarkeit willen nur begrenzt eingearbeitet. Sie soll lediglich andeuten, auf welchen Linien ich denke, wo die Abgrenzungen verlaufen. Mit diesem schmalen Buch geht es mir um den Versuch, dem Weihnachtsfest auf wenigen Seiten Bedeutung für die Gegenwart abzugewinnen. Der Kultursoziologe Roland Faber hat in einem Interview im Jahr 2000 zum Besten gegeben, Weihnachten sei inzwischen »ein weltweiter und volksvergnügungsmäßiger Ritus, dessen Trittbrettfahrer [...] die Kirchen« seien. Es bezeichne »Sieg und Niederlage des Christentums«.[1]

Irgendwie stimmt dies, aber ich bin nicht so sicher, ob es nicht immer noch unzählige Menschen gibt, die mit dem Weihnachtsfest andere Sehnsüchte verbinden, als sich in globaler Verbundenheit zu vergnügen. Das Problem scheint mir in der Artikulationsfähigkeit dieser Sehnsüchte zu liegen angesichts der Auswirkungen einer Tradition, die nach der massiven Auflösung einer kirchlich-institutionellen Interpretationshoheit über das Christliche ein tiefes Schweigen ausgelöst hat. Hier gegenzusteuern, ist Absicht dieses Versuchs – wissend darum, dass es sich nicht um mehr als einen Versuch ins Ungewisse hinein handeln kann.

Freiburg, am 22.02.2015
Magnus Striet

Zwischen Sehnsucht und Glaubenszweifel

Erste Meditation

Weihnachten ist ein seltsames Fest. Es ist eines der zentralen Feste im Jahresrhythmus, aber: Es wächst die Sprachlosigkeit. Es scheint, dass immer weniger Menschen wissen, warum man dieses Fest feiert. Auch wer sich noch seltsam angerührt findet von diesem Fest mit all seinen Bräuchen, es innerlich noch als religiöses Fest empfindet, wird noch lange nicht sagen können, warum es ihn eigentlich anrührt. Und dennoch: Alle Jahre wieder berührt das Weihnachtsfest unzählige Menschen – nie sind die Kirchen so voll wie an den Weihnachtstagen. Selbst areligiöse Menschen können durchaus mit Inbrunst alljährlich die Lieder von der selig machenden Weihnacht singen. In der Stille der Weihnacht rollt so manche Träne. Weihnachten hat eben eine ganz eigene Dynamik.

Warum dies so ist, ist schwer zu sagen. Sicherlich ist nicht nur ein einziger Grund verantwortlich. Zunächst ist mit kulturellen Besonderheiten zu rechnen. In einem Andendorf in Peru wird die Weihnachtsstimmung eine andere sein als in einer Christengemeinde in China, und in einem Elendsviertel in einem afrikanischen Land wird das Weihnachtsfest anders gefeiert als in einer hochtechnologisierten, freiheitlichen Gesellschaft wie der hiesigen. Christlich zu denken heißt, diese Differenzen wahrzunehmen und sich nicht aus diesem globalen Zusammenhang zu verabschieden. Das meint katholisch: allumfassend die Welt vor Gott zu stellen. Sich angehen zu lassen von anderen Menschen, solidarisch zu sein, heißt aber nicht, die Besonderheit der eigenen kulturellen Situation zur Marginalie zu erklären. Was aber ist das, was hierzulande die Weihnachtsstimmung prägt, das Fest immer noch zu einem besonderen Fest im Jahresrhythmus werden lässt?

Sehnsüchtiges Innehalten – ein menschliches Grundbedürfnis

Es mag das menschliche Bedürfnis sein, dass die Zeit einmal im Jahr einhalten möge und ein wenig Stille in die Hektik des Lebens einkehre, das Menschen auf Weihnachten warten lässt. Wer das Glück hat, in familiären und sozialen Bezügen zu leben, die diesem Fest Gestalt zu geben vermögen, erwartet es vielleicht auch deshalb. Der Mensch braucht Anlässe, wiederkehrende Rituale, die dem Leben in seinem sozialen Gefüge eine Struktur geben. Der Weihnachtstermin ist reserviert, bietet verlässliche Begegnung. Keine anstrengenden Terminplanungen sind nötig (oder doch, aber das ist dann auch Normalität), es ist eben Weihnachten. Das gewohnte Festtagsessen entlastet von den permanenten Selbsterfindungsnöten des modernen Menschen. Der Weihnachtsbaum steht da, wo er immer steht. Niemand erwartet Neues. Veränderungen stören sogar eher. Das Gewohnheitstier Kind lebt auch in der Erwachsenenwelt munter weiter. Selbst von denen, die während des Jahres ständig innovativ zu sein haben, erwartet man dies an Weihnachten nicht. Wer Weihnachten feiert, ist entlastet vom Erwartungsdruck. Alles soll nach Möglichkeit so sein wie die letzten Jahre. Es soll so sein und, wichtiger noch, es darf so sein.

Bei all dem, was dem Weihnachtsfest Sinn gibt und es zumindest die alljährlich erwarten lässt, die ihre eigene Einsamkeit anlässlich der allgemeinen Geschäftigkeit und Vorfreude nicht verschärft gespiegelt bekommen – auch das gibt es schließlich zuhauf –, mag aber auch noch etwas ganz anderes eine Rolle spielen. Weihnachten ist immer noch ein religiöses Fest. Natürlich ist es von vielem anderen überlagert. Aber selbst in Gesellschaften, die von zunehmender religiöser Pluralität, aber eben auch von religiöser Enthaltsamkeit geprägt sind, ist die Geschichte vom Mensch gewordenen Gott durchaus noch präsent. Die Geschichte vom Kind in der Krippe kennt jeder. Sie gehört zunächst schlicht zum Kulturgut. Ob sie in ihrer religiösen Bedeutung noch erschlossen, ihr wirklich ein Sinn zugeschrieben wird, steht auf einem völlig anderen Blatt.

Es ist schwer zu entscheiden, ob es vielleicht doch nur die diese Geschichte ausschmückenden Bilder, Traditionen und Rituale sind, die anrühren. Zweifelsohne entstehen, regional durchaus verschieden, klare Bilder in den Köpfen, wenn es um Feste mit solcher Prägekraft geht. Wie sollte dies auch anders sein. Mit dem in der nördlichen Hemisphäre jedes Jahr gen Himmel geschickten Wunsch nach einer weißen Weihnacht etwa wird eine ganz bestimmte, ›heile‹ Welt herbeigesehnt – die heile Welt der Kindertage.

Aber selbst wenn man einräumt, dass es solche allzu menschlichen Faktoren gibt, die Weihnachten zu einem Fest machen, das man nicht missen möchte, so bleibt die Frage bestehen, ob es nicht dennoch immer noch bei unzähligen Menschen eine tiefe

Sehnsucht ist, die sie Weihnachten feiern lässt. Die Sehnsucht des Menschen nach einem Sinn, der nicht rein aufs Diesseits hin orientiert, in dieser Weise profan ist, scheint unstillbar, und deshalb scheint auch Religiosität eine menschliche Grunddimension zu sein. Aber das allein erklärt natürlich noch nicht, warum Menschen sich vor allem vom Weihnachtsfest immer wieder anstecken lassen. Religiöse Alternativen gibt es viele, und immer mehr Menschen orientieren sich religiös ja auch anders als in einer herkömmlichen christlichen Weise. Warum dann doch ausgerechnet Weihnachten? Könnte es sein, dass es nicht nur die Erinnerung an die eigene Kindheit, nach Eingeborgensein und Beheimatung ist, die Menschen beim Anblick einer Krippe sehnsuchtsvoll werden lässt? Von Ernst Bloch stammt das Wort, dass Heimat das sei, »worin noch niemand war« und »das allen in die Kindheit scheine«.[2] Vielleicht hat der aus dem Judentum stammende Philosoph damit präzise das ganze Dilemma des Menschen auf den Punkt gebracht, etwas zu seinem Glück zu benötigen, das er aus sich selbst heraus nicht leisten kann. Dies wird noch zu beschreiben sein. Aber so viel kann schon hier gesagt werden: Wenn der Mensch sich einverstanden geben würde mit dem Leben, so wie es faktisch ist, gäbe es keine Religion. Ist aber Religion (wie sich diese dann konkret ausgestaltet, muss hier nicht interessieren) zumindest immer *auch* Verarbeitungsstrategie dieses Nicht-Einverstandenseins, so kann es für den Menschen keine Heimat geben. Oder aber Religion verleitet den Menschen dazu, sich mit allem einverstanden zu erklären – was angesichts auch nur eines vor Schmerzen lautlosen Schreis eines Menschen reiner Zynismus ist. Könnte es dann aber sein, dass die bleibende Faszination, welche die Geschichte von dem Kind in der Krippe auslöst, damit zu tun hat, dass sie die Möglichkeit einer Heimat aufblitzen lässt, in der noch niemand war, die aber das Größte wäre, was dem Menschen geschenkt werden könnte?

Keine Weihnacht ohne Karfreitag

Vielleicht gibt es eine tiefe Ahnung im Menschen, dass ein Gott, der selbst Mensch wird und sich so in allem uns gleich macht, das Glück schlechthin bedeuten würde. Und vielleicht hängt damit auch zusammen, dass Weihnachten bis heute weit mehr Menschen zu faszinieren vermag als Ostern. Wer sich freilich religiös-existentiell dem Weihnachtsfest nähert, und das heißt: Wer noch darum weiß, dass dieses Fest mit einem bestimmten Menschenleben, dem Leben des Juden Jesus aus Nazareth zu tun hat, wird auch an Weihnachten der Härte des Karfreitags nicht ausweichen können. Der Blick auf das Kind in der Krippe weiß darum, welches Schicksal diesen Menschen ereilen wird – diesen Menschen, den gläubige Christinnen und Christen als den Sohn Gottes bekennen: Am Kreuz steht Gott gegen Gott, der grausam Gefolterte schreit seine Gottverlassenheit gen Himmel. Wer über Weihnachten redet, sich auf dieses Fest einlässt, kann dies nicht verschweigen.

Vermutlich würde heute niemand mehr die Geschichte vom Kind in der Krippe erzählen, wenn nicht ein Mensch namens Jesus für seine Botschaft von Gott, für seine Gottespraxis und die Weise, wie er den Anbruch des Gottesreiches mit seiner eigenen Person verknüpfte, schließlich hingerichtet worden wäre und nach seinem Tod Menschen dafür Zeugnis abgelegt hätten, dass ihnen der Gekreuzigte als der Auferstandene begegnet sei. Allerdings wirft dies auch eine beunruhigende Frage auf: *Musste* dieser Mensch sterben, um als der Sohn Gottes erkennbar zu werden? Es ist spekulativ, aber es kann auch nicht einfach ausgeschlossen werden, dass Jesus mit seiner Botschaft von dem Gott, der kein Nein zum Menschen kennt, sondern der nur eines will, nämlich Umkehr und Gerechtigkeit, nicht auf diesen massiven, schließlich tödlich endenden Widerstand hätte stoßen müssen. Und noch weniger kann ausgeschlossen werden, dass man ihn schlicht ignoriert hätte. Solche Fragen zu stellen, mag abstrus wirken. In gewisser Weise ist es dies auch. Denn im Zentrum des christlichen Glaubens steht der zu Tode gefolterte Jude Jesus von Nazareth. Und dennoch könnte es sinnvoll sein, solche Fragen zu stellen, um nicht vorschnell eingeübten theologischen und vor allem in der Liturgie transportierten Vorstellungen zu erliegen. Verläuft die Geschichte nicht notwendig, kann sie, wenn sie diesen Namen verdient, auch von Gott nicht vorherbestimmt sein, dann wäre auch ein anderer Ausgang des Lebens Jesu möglich gewesen. Klar muss aber bleiben, es gibt kein Weihnachtsfest ohne die Erinnerung an die Härte des Karfreitags. *Faktisch* endete der Weg des Kindes aus der Krippe am Kreuz. Und so werden sich diese Weihnachtsmeditationen dieser Härte entschieden stellen.

Das Ärgernis der Gottesgeburt – früh erahnt

Allerdings hat Weihnachten noch etwas anderes, von dem Gott zu erzählen, von dem der christliche Glaube sagt, er sei in Jesus Mensch geworden. Die Botschaft vom Mensch gewordenen Gott, der ›gewickelt‹ werden muss, der hilflos ist wie jeder andere neugeborene Mensch auch, ist nämlich an sich selbst religiös schon aufregend genug. Selbst jene, die darum wissen, dass an der Weihnachtsgeschichte – wie sie vor allem durch Lukas geprägt wurde – historisch nicht viel Substanz ist, sondern dass es sich hier um eine Erzählung im Licht des Osterglaubens handelt,[3] können sich von der menschlichen Normalität dieser Geschichte berühren lassen. Wer dies an sich heranlässt, wird vielleicht umso irritierter sein, was da eigentlich geglaubt wird: Gott selbst – genauso hilflos, zuwendungs- und liebesbedürftig wie jedes andere neugeborene Menschenkind auch. Man kann verstehen, dass anders religiös geprägte Menschen sich verwundert die Augen reiben, dass es unzählige Menschen gab und gibt, die dies nicht glauben. Und umgekehrt sollten die, die dies glauben, wissen, dass sie tatsächlich Erstaunliches glauben – wenn es denn überhaupt wahr ist.

Dass das, was im Zentrum des christlichen Glaubens steht, eigentlich kaum zu glauben ist, hat Paulus auf den Begriff gebracht. Allerdings nicht bezogen auf die Geburt, sondern auf das schmähliche Ende Jesu. Paulus hat vom »Ärgernis« des Kreuzes für die Juden (1Kor 1,23) gesprochen, und er hat damit das in den Augen vieler bis heute jedenfalls scheinbar Anstößige des Glaubens einer zunächst kleinen jüdischen Splittergruppe auf den Punkt gebracht; und was für die Juden Ärgernis sei, sei für die Griechen schlicht »Torheit«. Ist es wirklich glaubhaft, dass ein Gott sich so erniedrigt, dass er Mensch wird, sich in allem den Menschen gleich macht und sich auf brutalste Weise hinrichten lässt? Dass der Jesus, der sich nicht entzieht, als es zum Konflikt um seine Auslegung Gottes kommt, wahrhaftig Gott selbst ist? Ja, muss man nicht bereits den Kopf schütteln angesichts der Vorstellung, dass Gott selbst Mensch wird? Ist es überhaupt denkbar, dass ein ewig existierender, mit Attributen wie Unendlichkeit oder Absolutheit bestimmter Gott in allem uns gleich in die Endlichkeit eingeht?

Es sind Fragen, die Skepsis am Glauben an die Geburt des Gottessohnes aufkommen lassen. Paulus hat die in der griechischen Philosophie Gebildeten seiner Zeit vor Augen gehabt, als er von der »Torheit des Kreuzes« sprach. Man wird hinzufügen müssen: Wem noch nie in den Sinn kam, dass es sich bei diesem Glauben tatsächlich um eine »Torheit« handeln könnte, dem ist dieser Glaube noch nicht ins Mark eingedrungen. Wegen seiner Unausdenkbarkeit klopft der Zweifel immer wieder an die Tür des Glaubens. Dies ist auch gut so. Wer noch nie gezwei-

felt hat, ob die Geschichte vom Kind in der Krippe stimmt, hat noch gar nicht durchdrungen, was der christliche Glaube sagt: Gott ist Mensch geworden – liegt als Kind, in seiner Hilflosigkeit allen anderen Kindern gleich, in der Krippe. Selbstverständlich bieten die Ausmalungen der Geburt zu Bethlehem Literatur dar; man kann auch sagen: Es handelt sich um eine erzählende Theologie. Geschrieben werden diese Geschichten Jahrzehnte nach Jesu Tod. Die ersten Gemeinden waren entstanden, und nun geht es darum, die Bedeutung dieses Menschen zu erfassen. Man glaubt, zweifelt aber auch, und es geht darum, diesem Glauben alltagstaugliche Lebensrelevanz abzuringen. Die brutale Unterdrückungssituation durch die römische Fremdherrschaft wird erinnert, es sind Fremde, die dem Kind huldigen – und das Kind wird heimatlos geboren. Und nicht zu vergessen, es ist kein Platz für es. Um es mit einem modernen Begriff zu sagen: Es wird in prekäre Verhältnisse hineingeboren. Ist das denkbar?

Gott macht sich gleich

Andererseits könnte es gerade dieses Unausdenkbare sein, das auch noch die religiös Distanzierten immer wieder sehnsuchtsvoll werden lässt, wenn das Weihnachtsfest naht. Vielleicht ist ein Gott, der selbst Mensch wird, ja doch das Größte, was dem Menschen widerfahren kann. Ist dem so, so ist dies freilich an den konkreten Existenzweisen von Menschen deutlich zu machen, denn Menschsein gibt es nicht abstrakt, sondern nur konkret. Allerdings braucht, wer überhaupt nachdenkt, Begriffe, und diese sind unausweichlich verallgemeinernd. Hier läuft man Gefahr, doch wieder allgemein über den Menschen zu reden. Gerade deshalb muss sich ein moralisch ambitioniertes Denken aber dafür sensibilisieren, in seinen Allgemeinbegriffen die konkreten Phänomene nicht zu verraten. Deshalb ist das Bewusstsein dafür zu schärfen, dass Menschen nicht überall die Wohlstandsmöglichkeiten haben, wie sie hierzulande vielen offenstehen. Es gab geschichtlich betrachtet entsetzliche Armut, Gewalt und Ausgrenzung, und es gibt sie bis heute. Und so ist stark zu machen, dass das Kind in Armseligkeit geboren wird. Von der Menschenfreundlichkeit Gottes zu sprechen, die im Geschehen seiner Fleischwerdung endgültig offenbar werde, bedeutet dann auch zu irritieren: Der Gott, der sich in die Niederungen seiner Schöpfung begibt, erlebt sehr konkret, was es bedeutet, nicht auf der Sonnenseite des Lebens zu stehen. Die imaginierten Krippen mit ihren bäuerlichen Idyllen verdecken, was die biblische Erzählung sagen wollte. Es ist konkret zu machen, was es bedeuten könnte, dass Gott Mensch geworden ist – und dass eben darin die Erlösung des Menschen besteht, weil in seiner Menschwerdung das Versprechen Gottes offenbar und glaubhaft wurde, dass er nichts unversucht lassen wird, das gelebte Leben zu vollenden und die Tränen zum Versiegen zu bringen.

Die Zweifel an der Wahrheit dieses Gottes dürfen nicht unterschlagen werden. Es ist nicht nur der grundsätzliche Zweifel an einem Mensch werdenden Gott, der die nicht zu übersehenden Verflüchtigungstendenzen des christlichen Glaubens in den Gesellschaften, die durch Aufklärungsprozesse hindurchgegangen sind, befördert hat. Ob überhaupt denkbar ist, dass ein Gott existiert, der Mensch werden kann, ist als Frage schon gravierend genug. Entschieden werden kann diese Frage nicht. Weder durch einen Beweisgang[4] noch durch den Rekurs auf Erfahrung. Zwar kann niemandem abgesprochen werden, eine bestimmte Erfahrung gemacht zu haben, und dies gilt dann auch für Erfahrungen, die als religiöse Erfahrungen berichtet werden. Aber ob *das*, was als Erfahrung beschrieben wird, eine von dieser Erfahrung unabhängige Wirklichkeit hat – und das wird behauptet, wenn als religiös bezeichnete Erfahrungen auf einen freien, von Welt und Mensch unterschiedenen Gott rekurrieren –, steht damit noch nicht fest.

Bezogen auf den Religionsmarkt der Gegenwart auffällig ist, dass hier vor allem die eigenen Glücks- und Zufriedenheitsbedürfnisse bedient werden, der biblische Glutkern der Gottesfrage *Wo ist Gott?* jedoch ausgeblendet wird. Theodor W. Adornos Wort, dass der Hunger der Verhungernden noch keinen Gott garantiere, der Manna vom Himmel regnen lässt,[5] irritiert in der allgemeinen Religionsfreudigkeit und Mythenbegeisterung der Gegenwart immer weniger. Und Adorno wusste, wovon er sprach. Wie sich ihm die Rede von einem rein diesseitigen Sinn verbot, weil ein solches Eigentlichkeitsgeraune Verrat an den Gemordeten von Auschwitz begeht, so auch ein Transzendenzgeschwafel, das den Blick von den realen Verhältnissen und der

Geschichte wegnimmt. Adorno hatte ein präzises Bewusstsein von dem, worum es den biblischen Theologen ging. Ihnen war es nicht um irgendeinen Gott zu tun, und erst recht nicht um einen Gott, der nur dazu dient, sich bequem einzurichten in der eigenen Behäbigkeit. Sondern um einen Gott, der rettet, der das Schreien seines Volkes erhört – der Licht in die Finsternis (Jes 9,1) bringt. Und diese Finsternis meint nicht nur die eigenen melancholischen Stimmungen, sondern immer auch die prekären sozialen und politischen Verhältnisse. Der Rettergott Israels erlebt seine Geburtsstunde in der Situation von Gewalt und Unterdrückung. In eben diesen Traditionen des Gottglaubens bewegt sich auch Jesus. So dass, wer christlich betet, immer auch die Gebete Jesu und damit auch die Israels betet. Dies sind zwar Gebete, die den Lobpreis Gottes atmen. Aber es sind eben auch Gebete, die Gott angehen, ihn in die Pflicht nehmen und mit ihm als einem Gott rechnen, der zumindest handeln und damit auch retten *kann. Dein Reich komme, wie im Himmel so auf Erden* lehrt Jesus in jüdischer Tradition zu beten. Dieses Reich aufzurichten, ein Reich der Gerechtigkeit und des menschlichen Miteinanders, ist sicherlich Aufgabe des Menschen, aber doch nicht nur: Wenn Menschen nichts mehr vermögen, ihnen jeglicher Handlungsspielraum ausgegangen ist, kann nur noch einer helfen: Gott selbst. Deshalb richtet sich die Bitte am Ende an ihn. Und er könnte doch rettend eingreifen, wenn er denn, wie der Glaube behauptet, allmächtig ist. Aber tut Gott dies wirklich? Bringt Gott wirklich Licht in die menschliche Dunkelheit hinein oder ist das nur frommes Gerede, das gnadenlos an der Realität vorbeigeht?

Der Glaube an den allmächtigen Gott birgt ein immenses Enttäuschungspotenzial. Der Glaubensverlust mag grassieren, auch beklagt werden. Aber er hat seinen Grund nicht nur in der

Leichtfertigkeit des Menschen, sondern in der immer wieder durch Erfahrung genährten Skepsis, dass es mit der viel beschworenen Menschenfreundlichkeit Gottes nicht weit her sein könnte. Die Bibel ist gesättigt von der Klage Gottes. Sicherlich klagt Gott über den Menschen, dessen Lieb- und Gnadenlosigkeit anderen Menschen gegenüber. Aber weil Gott vermisst wird, dem Menschen elend ist angesichts der Widrigkeiten des Naturgeschehens und der Gewalt in der Geschichte, der sich kein Gott

entgegenstemmt, gibt es auch die Klage des Menschen. Der Schrei des gekreuzigten Jesus atmet diesen Geist des Vermissens Gottes. *Mein Gott, mein Gott, warum hast Du mich verlassen?* Wer hier theologisch sofort mit der Auferweckungsrhetorik kommt, Jesus habe doch Psalm 22 zitiert und so müsse man doch davon ausgehen, dass Jesus in der Hoffnung auf Auferweckung sich vertrauensvoll Gott überlassen habe, unterschlägt die Qual, die dieser erlitten hat. Überhaupt kann man hier nur *hoffen*, dass Jesus nicht vollständig verzweifelt ist. So wie viele vollständig verzweifelt sein dürften, weil ihr Leib unter der Folter nur noch ein einziger Schmerz war.

So paradox es klingen mag: Die weithin zu beobachtende faktische Abmilderung des Weihnachtsfestes auf ein Familienfest ist vielleicht nur eine späte Reaktion auf diese biblisch eingeübte Klage. Als selbst das Klagen nicht half, immer wieder die Erfahrung gemacht wurde, dass sich kein Gott dort zur Erscheinung brachte, wo Menschen in ihrer Not nach ihm verlangten, musste schließlich die Skepsis aufkommen. Vom Vermissen Gottes bis zum Tod Gottes ist es nur ein kurzer Weg. Bei unzähligen Sehnsuchtsvollen ist Gott nicht gestorben, weil nun auch sie endlich so sein wollten wie Gott – wie in kulturpessimistischen kirchlichen Kreisen häufig behauptet wird –, sondern weil sie ihn schmerzhaft vermissten. Das bedeutet aber nicht, dass Weihnachten bis heute nicht immer noch Sehnsüchte im Menschen weckt.

Zunächst einmal bedeutet diese Reduktion des Weihnachtsfestes auf ein traditionell familiäres bzw. gesellschaftliches Ereignis nur, dass sich mit dem Weihnachtsfest nicht mehr oder jedenfalls nicht mehr notwendig eine bestimmte religiöse Grammatik verbindet, die die Geschichte als Heilsgeschichte erzählt. Aber was heißt schon Heilsgeschichte? Soll Geschichte als Heilsgeschichte, soll Weihnachten als göttliche Heilsgeschichte mit den Menschen gelesen werden, so ist auszuformulieren, warum der Mensch überhaupt eines göttlichen Heilsbringers bedarf. Das Weihnachtsfest sucht Antwort zu geben auf eine menschliche Erlösungsbedürftigkeit. Sind es aber nicht vielfach nur stereotyp wiederholte, durch Liedgut und Liturgie immer wieder eingeübte Floskeln, die dem Menschen sagen, worin seine Erlösungsbedürftigkeit besteht, die aber in ihrer Floskelhaftigkeit längst unglaubwürdig geworden sind? Die zumindest die Gottesbedürftigkeit des Menschen in einem verkürzten Licht haben erscheinen lassen?

Alles kann zur menschenverachtenden Ideologie werden, auch Weihnachten. Es kann zur Ideologie werden in seiner bürgerlichen Aneignung, die die an den Rand Gedrückten dieser Erde und die über das Leben traurig Gewordenen zugunsten des eigenen Wohlbefindens vergisst. Es kann aber auch zur Ideologie werden, indem es den Menschen auf ein Sündersein reduziert. Wer dies anmerkt, verneint nicht den im Menschen sitzenden abgründigen Hang zum Bösen. Und selbstverständlich hat Weihnachten, wenn es den endgültigen Beginn des Offenbarwerdens Gottes bedeutet, auch mit dieser so erschreckenden wie zugleich erniedrigenden Neigung des Menschen zu tun. Aber die Gottesbedürftigkeit des Menschen ist größer. Und darüber hinaus gibt es nicht nur eine Gottesbedürftigkeit des Menschen, sondern eine große Bedürftigkeit Gottes, sich erklären zu sollen angesichts der Welt, die als seine Schöpfung geglaubt wird. Ja, diese Bedürftigkeit Gottes ist nicht weniger als eine Notwendigkeit, will er sein freies Geschöpf für sich gewinnen.

Die Härte der Erfahrung

Zweite Meditation

In der christlichen Frömmigkeitsgeschichte hatte die Klage über lange Zeit kein Recht. Erlösung war Erlösung von der Sünde. Wer hingegen mit seinem Los haderte und sich nicht auf sein Sündersein festlegen ließ, wer sich gar gegen Gott empörte, musste sich den harschen Vorwurf anhören, der Sünde nur ihren Lauf zu lassen: Anstatt demütig sein Sündersein zu bekennen, lehnt sich der Mensch gegen seinen Schöpfer auf und versteift sich darauf, so sein zu wollen wie Gott. So jedenfalls hat es die Theologie dem Menschen eingeschärft. Und dies ging so weit, dass sie die Traurigkeit (die ›acedia‹) zu einer der Todsünden erklärte.

Umdenkprozesse. Humane Selbstbehauptung gegen den Sündengott

Aufgeschreckt durch das maßlose Verbrechen, für das der Name Auschwitz steht, hat Johann Baptist Metz darauf bestanden, dass es das Vermissen Gottes sei, welches im Zentrum der biblischen Gottesrede stehe. Unter dem Eindruck der Lehre des

Augustinus sei Erlösung nur noch als Erlösung von der Sünde in den Blick gekommen.[6] Paradiesische Zustände am Anfang, dann der Mensch, der mit seiner Sünde, seinem Seinwollen wie Gott, Chaos in die an sich gute Schöpfung bringt, schließlich Gott, der sich im Kreuzesopfer Genugtuung verschafft, sodass zwar nicht die Rückkehr ins alte Paradies, wohl aber der Einzug in ein neues Paradies, für das der Name Himmel steht, wieder möglich wird. Ob dies den biblischen Schöpfungsgeschichten abzulesen ist, muss hier dahingestellt bleiben. Ich begnüge mich mit dem Hinweis, dass sie keine Erzählung von einem Urstand kennen, wie diese dann von der dogmatischen Tradition geprägt wurde. Die biblischen Mythen ringen mit der faktischen Situation des Menschen, und: Sie erzählen ein gutes Ende. Um die geschichtliche Gegenwart verstehen zu können, ist aber wichtig, zu sehen, dass sie als eine Erzählung von einem guten Urzustand und dem Fall des Menschen ausgelegt wurden und infolgedessen eine entsprechende Wirkungsgeschichte entfalteten.

Man wird kaum bezweifeln können, dass im Gefolge der konkreten Ausmalung, unter welchen Bedingungen man denn nun Eingang in dieses neue Paradies finden könne, eine religiöse Vorstellungswelt entstand, die sich in nichts von anderen Topographien des Terrors unterschied. Historisch betrachtet, hat der Glaube natürlich auch humanisiert. Das Konzept einer egalitären Menschenwürde, wie es dann als allgemeines Vernunftrecht in der europäischen Aufklärung definiert wurde, ist in seiner geschichtlichen Entstehung ohne biblisch-religiöse Hintergründe kaum begreiflich zu machen. Dem als Ebenbild Gottes geglaubten Menschen musste in der Konsequenz eine ungeheure Würde zugestanden werden. Die Kindertaufe hat wesentlich zum Schutz von Kindern beigetragen, und so unfasslich es bis heute ist, dass sich maßgeblich als christlich verstehende

Länder in den Kolonien unvorstellbare Verbrechen begangen haben: Das theologisch erlangte Bewusstsein von der unbedingten Würde eines jeden Menschen vor Gott musste schließlich die Praxis der Sklaverei dann doch wieder in Frage stellen. Möglicherweise entfaltete der Weihnachtsglaube in dieser Hinsicht, das heißt in der Sozialisierung der Vorstellung von einer allgemeinen Menschenwürde, noch eine stärkere Bedeutung als schon die Vorstellung von der Gottebenbildlichkeit. Muss nicht dem, was von Gott selbst dadurch angenommen wurde, dass er selbst in es einging, eine unendliche Würde zukommen? Ist nicht das Menschsein dadurch unendlich göttlich gewürdigt, dass nun Gott selbst nicht mehr ohne sein Menschsein zu denken ist?

Diese weihnachtliche Würdigung des Menschen zeigte zwar ihre Wirkung. Aber sie bestimmte damit noch lange nicht das, was sich dann theologisch und vor allem in der Frömmigkeitspraxis als Erlösungsglaube durchzusetzen vermochte. Maßgeblich und immer wieder war es die von Adam her ererbte Sünde, die definierte, was unter Erlösung zu verstehen sei. Augustinus hat diese Sünde erfunden, Luther – um nur einen der wichtigsten Theologen der Christentumsgeschichte zu nennen – ist ihm wie selbstverständlich gefolgt: Wir seien »jm Paradis durch die erste sünde Adams … gestraffet worden.« Und diese Sünde heiße darum Erbsünde, da »wir sie nicht gethan haben«, wir sie »mit uns von unseren eltern« herbrächten, sie uns aber nicht weniger »zu gerechnet« würde, »denn als heten wir sie selbst gethan«.[7] Dies verstehe, wer will – ich kann es nicht. Und manchmal denke ich, dass man in dem Moment, in dem man den bis heute zumindest rhetorisch gepflegten ökumenischen Konsens in der Sündenfrage aufbrechen würde, auch in anderen ökumenischen Fragen mit Leichtigkeit vorankäme. Fatal waren jedenfalls die

Folgen dieser Fixierung des Menschen auf sein angeblich durch und durch sündhaftes Wesen. Dass nur eine begrenzte Anzahl von Menschen aus der in ihrer Gesamtheit unter dem Joch der Sünde stehenden Menschheit gerettet werde, gehört ebenso zum Gemeingut christlichen ›Wissens‹. Augustinus hat für die »mitleidigen Seelen«, die es mit der Vorstellung nicht aushielten, dass die Mehrheit der Menschen ewige Höllenqualen erleiden würde, nur Spott übrig gehabt.[8] Es ist nicht verwunderlich,

dass dieses Christentum die von ihm berührte Menschheit in Angst und Schrecken versetzte, und es in dem Moment in eine Glaubwürdigkeitskrise geriet, als man begann sich zu besinnen – und Elend, aber eben auch Größe des Menschen wiederentdeckte.

Ob seine historisch etablierten Ausgestaltungen dem ursprünglichen Evangelium entsprachen, sei dahingestellt. Sucht man zu verstehen, warum es diesen teils empörten, größtenteils aber stillschweigenden Auszug aus einer über viele Jahrhunderte währenden Glaubenstradition gab, so wird man auf die Unmenschlichkeit dieses Gottesbildes verweisen müssen. Der moderne Unglaube hat eine Vorgeschichte, und diese Vorgeschichte ist auch eine theologische.

Wie stark die sündenfixierte Rede von Erlösung gewirkt hat, lässt sich bis in christentumskritische Kreise der Gegenwart hinein beobachten. Stereotyp kommt die Vorstellung ins Spiel, dass Christus gestorben sei, um die Sünde des Menschen zu sühnen. Dies sei doch angeblich Gottes ›Barmherzigkeit‹, dass er seinen einzigen Sohn hingegeben habe, um sich mit der Menschheit versöhnen zu können. Aber ich bin unsicher, ob diese Auskunft auch innerlich noch verstanden wird. Traditionen können auch da wirkmächtig sein, wo sie existentiell kaum noch oder gar nicht mehr nachvollzogen werden können. Der melancholische Agnostizismus der Gegenwart, aber auch das Abwandern der religiösen Sehnsucht in nichtchristliche Religiositäten bilden Reaktionsmuster auf diese innere Nicht-Akzeptanz.

Dabei ist, wie mit Metz bereits angedeutet wurde, zu fragen, ob die Erlösungsbedürftigkeit des Menschen wirklich auf die Sünde – was immer denn ›Sünde‹ überhaupt meint – begrenzt werden darf. Es müssen nicht erst die großen Katastrophen der Menschheitsgeschichte herbeizitiert werden, um die Verwiesenheit des Menschen auf einen rettenden Gott zu zeigen. Angesichts dieser Katastrophen zeigt sich nur endgültig, wie sehr der Mensch auf einen rettenden Gott verwiesen ist.

Der gottesbedürftige Mensch

Denn der Mensch ist ein eigentümliches, in gewisser Weise in sich widersprüchliches Wesen. Es ist in ihm grundgelegt, ja, er ist als Mensch geradezu verpflichtet, sich selbst zu überfordern. Er *ist* nicht nur, sondern er bestimmt sich in dem Rahmen, der ihm gegeben ist, selbst. Tut er dies – und er tut dies unvermeidlich –, übersteigt er alles Endliche. Damit will ich nicht sagen, dass er dann bereits auf eine Transzendenz aus ist, die man Gott nennt. Sondern zunächst ist damit nur gesagt, dass auch das Endliche in unbedingter Weise gewählt und gewollt werden kann. Natürlich kann der Mensch sich auch in der Banalität einrichten, sich in seinen Möglichkeiten auf das verkürzen, was risikofrei ist. Aber das bedeutet auch, arm zu bleiben. Wer sich scheut, Risiken einzugehen, der lebt langweilig. Riskant zu leben, das heißt: tatsächlich zu wählen und damit andere Möglichkeiten auszuschließen, sich so eine selbst gewählte Identität zu geben, hat nichts mit Friedrich Nietzsches Devise zu tun, wild und unersättlich zu leben und in eins damit das »Dasein«, das heißt die Welt, so zu bejahen, wie »es ist, ohne Sinn und Ziel [...], ohne ein Finale ins Nichts«[9]. Gemeint ist nur, tatsächlich zu wählen und darin scheitern zu können. Schnell leuchtet dies für die Dimension unseres Menschseins ein, in der sich unser Menschsein am eindringlichsten zeigt – in der Fähigkeit Freundschaften eingehen, gar lieben zu können. Wer hier nichts

riskiert, wird einsam bleiben; wer sich aber tatsächlich riskiert, kann darin scheitern.

Doch wer einmal wahrhaft geliebt hat, hat auch die Erfahrung gemacht, was dies bedeutet, nämlich keine Grenze akzeptieren zu wollen. Liebende wollen sich in ihrer Liebe bedingungslos. Keine Grenze soll sein. Auch wenn das Scheitern dieser Liebe schließlich konstatiert wird, sich tiefe Enttäuschung breitmacht oder aber die Sehnsüchte sich nicht mehr gestillt sehen, ist es dieses unbedingte Wollen, das im Hintergrund weiter schwelt und diese Erfahrung erst möglich macht. Nur wer sich im Unbedingtheitsmodus versucht, kann auch maßlos scheitern. Man nennt diesen Modus auch Freiheit.

Und realistisch betrachtet, scheitert der Mensch, drastischer formuliert: Der Mensch ist ein an seinen eigenen Versprechungen ›scheiterndes Tier‹. Er scheitert zunächst an seinen vielen Unzulänglichkeiten. Wenn zumal in kirchlich interessierten Kreisen immer wieder behauptet wird, der Gegenwartsmensch würde Schuld verdrängen, so entspringt dies reiner Phantasie. Es wird heute nicht mehr Schuld verdrängt als in vergangenen Zeiten. Zwei gravierende Unterschiede aber gibt es. Katechismuskataloge, die meinen, dem Menschen vorschreiben zu dürfen, was er zu tun und zu lassen habe, werden nicht mehr einfach akzeptiert. Was beansprucht, normativ das Leben orientieren zu dürfen, muss mit Gründen eingesehen werden können. Oberste Priorität hat deshalb das Gewissen. Neben diesem Lehramt hat sich freilich ein zweites etabliert. Symbolisiert wird dies durch den Namen Sigmund Freud. Die Psychologie und die Humanwissenschaften des letzten Jahrhunderts haben dem Menschen nachdrücklich gezeigt, dass er nur begrenzt den eigenen Willen steuern kann. Mit Schuldverdrängungspolitik hat dies zunächst nichts zu tun, sondern nur mit Realismus. Das Wissen um die Enge des tatsächlichen Freiheitsraums mag bedrücken, aber es kann auch erleichtern. Zumal moralisch-ethisch nur das für die Individuen relevant ist, was sie freiheitlich steuern können, so dass auch erst hier die Frage von Schuld aufkommt. Und deren Faktizität wird nicht einfach verdrängt, sondern sie wird als zutiefst demütigend empfunden. Das schlechte Gewissen hat nicht ausgedient, es plagt den Menschen immer noch. Er weiß um sein Scheitern, weiß darum, schuldig geworden zu sein. Dabei geht es um das, was nicht hätte getan werden müssen oder auch dürfen, möglicherweise häufiger noch um das, was hätte getan werden können.

Spätestens jedoch scheitert der Mensch in seiner Willensbestimmung an den Grenzen, die ihm naturgemäß vorgegeben sind; der Mensch mag sich unbedingten Ansprüchen stellen, erfüllen wird er sie immer nur begrenzt. Denn maßlos und damit unbedingt wird der Wille dann, wenn er selbst den Tod als Grenze der Intentionen, die er sich in seinem Wollen setzen und deshalb leben kann, nicht zu akzeptieren bereit ist. Es ist ein Leben wider besseren Wissens; aber wer das Wissen akzeptiert, dass die eigenen realen Möglichkeiten begrenzt sind, der schöpft die Möglichkeiten seines Menschseins nicht aus. Es klingt paradox, entspricht aber nur dem, was Menschen – wenn sie sich in ihrem Menschsein bejahen – alltäglich leben. Akzeptiert der Mensch sich freilich in dieser Spannung, etwas intendieren zu können, dem er selbst nicht gerecht werden kann, so wird er gottespflichtig. Und er wird nicht irgendeines Gottes pflichtig, sondern eines Gottes, der das zu vollenden vermag, was Menschen aus eigenem Vermögen nicht können, indem er rettet. Je entschiedener der Mensch autonom, das heißt: sich in seiner Freiheit und den in ihr einbeschlossenen Möglichkeiten selbst Gesetz ist, desto deutlicher wird ihm seine Gottesbedürftigkeit gewiss. Gerade weil der Mensch in seiner Freiheit Unbedingtes wollen kann, bedarf er eines Gottes.

Auf diese Weise menschlich nachgerechnet, bekommt die Rede von der Erlösung des Menschen eine andere Bedeutung. Es kann jetzt nicht mehr zunächst und erst recht nicht nur von einer Erlösung von der Sünde die Rede sein. Sondern Erlösung ist Erlösung aus der eigenen Unzulänglichkeit, aber: Diese Unzulänglichkeit, das nicht realisieren zu können, was Menschen wohl möchten, verantworten nicht sie selbst. Wer Gott als Schöpfer des Himmels und der Erde glaubt, mithin auch als den Gott, der dem Menschen diese Freiheit einräumt, sich selbst dergestalt bestimmen zu können, wird diese Unzulänglichkeit Gott überantworten müssen. Bezogen auf dieses Dilemma – mehr versprechen als einlösen zu können – von Erlösung zu sprechen, hieße dann, Gott als den zu glauben, der seiner Schöpfung treu bleibt: Dieser wäre dann der Gott, der all das in eine Vollendungsdimension führt, was Menschen begonnen haben. Die religiös-theologischen Traditionen habe hierfür das Bild vom Himmel geprägt.

Mit einem solchen Verständnis von Erlösung anzusetzen, bedeutet nicht, nun nicht mehr von einer Schuld des Menschen zu sprechen. Und so ist Erlösung auch als Erlösung aus einer Schuld zu begreifen, die Menschen auf sich laden, wenn sie beginnen, sich angesichts knapper oder gar nicht ausreichender Lebensmöglichkeiten auf das Prinzip der Selbsterhaltung zu fokussieren. Wenn sie nur noch das eigene Überleben, den eigenen Vorteil sehen und sich dann auf sich selbst fixieren. Die vitalen Kräfte des Lebens fordern ihren Tribut. Ein Liebesbegriff, auch schon ein Begriff menschlichen Lebens, der sich nicht in diese den Menschen bestimmenden Kräfte einschreibt und den Preis des Lebens anerkennt, wird schnell zur reinen Ideologie. Aber es bleibt eben auch dabei: Will sich der Mensch in seinen Möglichkeiten nicht unterbieten, so sieht er sich verwiesen auf einen rettenden und das Begonnene vollendenden Gott.

Kein ursprüngliches Paradies, sondern eine riskante Schöpfung voller Zumutungen

Allerdings ist der Gott, der hier ins Blickfeld kommt, alles andere als ein einfacher Gott. Schon mit der Andeutung, dass die Lebensmöglichkeiten von Anfang an zu knapp waren und dass es ein Paradies, in dem Milch und Honig für alle im Übermaß flossen, nie gegeben hat, zieht eine tiefe Fraglichkeit in diesen Gott ein. Wenn man das betont, leugnet man nicht die abgründige Hinneigung des Menschen zum Bösen. Doch der physische Hunger und der nicht gestillte Hunger nach Anerkennung und Wärme waren von Anfang an in der Welt. Und schließlich stand das menschliche Leben von Beginn an unter dem Wissen des Todesschicksals. Einmal der tierischen Welt entkommen, nun nicht mehr rein unmittelbar und instinktiv existierend, wusste der Mensch auch um sein Dasein zum Tode. Die Sorge kennzeichnet dieses Leben fortan, und da der Mensch in dem Moment, da er Mensch wurde, ein reflexives Wissen um die

Knappheit der Mittel und die Kürze der Lebenszeit erwarb, war der Weg zur ängstlichen Selbstfixierung, die nur noch das eigene Überleben kannte, ein kurzer. In einer Welt der vielen Götter konnte man diese Mangelerfahrungen möglicherweise noch einem Gott, nicht aber der Götterwelt insgesamt zuschreiben. Israels Bekenntnis zu dem einen Gott musste die Frage nach dem *Warum?* unendlich anschärfen; fortan verbot es sich, Gott nicht mit dieser Frage zu belasten.

Nicht weniger steht mit dieser Frage auf dem Spiel als die Behauptung von Gottes grenzenloser Güte und Barmherzigkeit. Und angesichts dessen, was Menschen an unbeschreibbaren Grausamkeiten begangen haben und immer noch begehen, steht in eins mit seiner Barmherzigkeit auch seine Gerechtigkeit auf dem Spiel. Es hätte keine menschliche Freiheit geben *müssen*, die zu all dem, was die Geschichte an Gewalt kennt, in der Lage ist, wenn Gott wirklich frei ist. Er hätte schlicht eine Schöpfung unterlassen können. Und von seiner Güte und Gerechtigkeit zu reden, ohne stets mitzusagen, dass er sich vorenthält, geht an jeder Erfahrung vorbei. Ein Gott, der mit starker Hand den Armen und Verfolgten zur Seite steht, ist nicht auszumachen.

Unter Spannung, der Mensch

Und so sieht sich der Mensch in eine extreme, kaum auszuhaltende Spannung gestellt. Einerseits weiß sich der Mensch dringend eines Gottes bedürftig. Die Religionskritik mag hier den allzu menschlichen Ursprung der Religion wittern. Aber Fakt bleibt doch, dass andernfalls die relative Vergeblichkeit allen menschlichen Tuns bereits jetzt zu konstatieren wäre, der darum wissende Mensch darüber mindestens melancholisch, wenn nicht gar verzweifelt werden müsste. Man kann mutmaßen, dass hier einer der Gründe dafür liegt, dass bei aller Skepsis, ob denn glaubhaft ist, was da geglaubt werden soll, jedes Jahr wieder zumindest an Weihnachten viele Menschen ihrer religiösen Sehnsucht freien Lauf lassen. Vielleicht unbestimmt, gar nicht genau wissend, warum sie auf der Suche nach einem Gott sind und was das genau ist, was sie erhoffen. Gleichwohl aber nervös, weil ihnen das Herz unruhig ist.

Andererseits scheint der ersehnte Gott gerade dann zutiefst fraglich zu werden, wenn moralische Sensibilität den Menschen in die Gotteshoffnung treibt. Ja, ist denn Gott überhaupt moralisch und kann deshalb Gott für den Menschen sein? Oder aber entpuppt sich Gott, weil er der Welt ihren Lauf lässt, als zutiefst unmoralisch? Den Verdacht überhaupt zu äußern, Gott selbst könne vielleicht unmoralisch sein, erscheint bis heute vielen als Unsinn, vielleicht sogar als Blasphemie. Unsinnig deshalb, weil die religiöse Gewohnheit, Gott müsse doch das schlechthin Gute sein und deshalb auch notwendig das Gute tun, die theologischen Denkgewohnheiten dominiert. In dem Moment allerdings, wenn Gott radikal – also in seiner Wurzel – als Freiheit gedacht wird, könnten sich einem angesichts der Realitäten Zweifel aufdrängen. Spielt er vielleicht doch nur ein makabres Spiel mit der Menschheit? Man muss sich nur einige aufwühlende Fragen gefallen lassen, und es wird schwer, über diesen Verdacht leichthin hinwegzugehen. Ist irgendein Sinn darin zu erkennen, dass bereits Säuglinge an unheilbaren Krankheiten sterben? Kann man sich ein Gott und Mensch vereinigendes moralisches Universum nicht anders vorstellen? Nämlich als eine Welt ohne zumindest solche Schicksale?

Gott ernst nehmen und fragen

Man kann, ganz problemlos. Und es ist auch keineswegs wieder Ausdruck der Sünde oder gar Blasphemie, wenn man solche Fragen stellt. Es gibt die Freude am Dasein. Spätestens dann, wenn ein Mensch das Lächeln auch nur eines einzigen Menschen erfahren hat, kommt die Rede vom Riss, den das Leiden auch nur eines Menschen in die ganze Schöpfung einzeichnet, zu spät. Wer empfangen hat, wird sich fragen lassen müssen, ob er wirklich lieber wollte, dass dieses alles besser nicht sei. Und wer einmal gegeben hat, sich seiner Menschlichkeit bewusst geworden ist, wird sich genauso fragen lassen müssen, ob er wollte, dass dieses alles besser nicht sei. Aber wer dieses alles, die Welt, als Schöpfung und als Gabe Gottes ausdeutet, wird umso entschiedener die Frage stellen: Ist dies wirklich die beste aller möglichen Welten, da wir uns doch durchaus eine zumindest relativ bessere Welt vorstellen können als diejenige, die existiert? Wer diese Frage stellt und sowohl sich als auch Gott zumutet, sündigt nicht. Er nimmt vielmehr den Glauben an *den* Gott wirklich ernst, von dem gesagt wird, er habe Himmel und Erde geschaffen. Nicht weil er musste, sondern weil er *wollte*. Dies gilt jedenfalls dann, wenn Gott auf der Linie des biblischen Geschichtsgottes, der etwas vermag, wenn er will, bestimmt wird. Aber wer Himmel und Erde erschaffen hat, weil er es aus seiner Allmacht heraus wollte, wird sich fragen lassen müssen, ob ihm nicht eine bessere Erde möglich gewesen wäre. So zu fragen, heißt zunächst einmal nur, den Glauben an den freien Gott ernst zu nehmen. Und überhaupt: Was heißt denn ›sündigen‹? Und wer kann überhaupt sündigen?

Ich werde dieser Frage noch eigens nachgehen. An dieser Stelle sei nur so viel angemerkt. Um sündigen zu können, bedarf es eines elementaren Vertrauens in Gott. Dies gilt jedenfalls dann, wenn zu sündigen nicht einfach meint, gegen dieses oder jenes Gebot oder Verbot zu verstoßen, sondern sich aus einer Beziehung zu verabschieden, diese zu verletzen, die Gott selbst will und ermöglicht hat. So zu denken heißt: Nur wer Gott glaubt, dass er treu ist, kann sich gegen diese Treuezusage und damit gegen Gott selbst versündigen. Wie aber kann ich wissen, dass Gott treu ist?

Ist Gott treu? Religionsgeschichtlich betrachtet, gibt das Christentum eine erstaunliche Antwort auf die Frage, die im Allgemeinen viel zu schnell mit Ja beantwortet wird, weil sie sich vor der Erfahrung abschottet. Das Erstaunliche und zugleich Einmalige der Antwort des Christentums besteht darin, dass es behauptet, die Treue Gottes selbst sei offenbar geworden in Jesus Christus, endgültig – und zwar indem Gott selbst sich eben als dieser Jesus von Nazareth, der in ärmlichste Verhältnisse hineingeboren wurde und schließlich elendig geendet ist, in seine Schöpfung ›ein-gefleischt‹ und gerade so seine Treue bewährt habe. Die Inkarnation des Gottessohnes will dann zunächst einmal als Antwort Gottes auf eine Schöpfung verstanden werden, die für den Menschen die Freude des Daseindürfens ermöglicht, aber auch unendliche Zumutungen bereithält. Dient die Schöpfung dazu, dass Gott den Menschen zu seinem Freund gewinnen will, so antwortet die Inkarnation auf die damit verbundenen Schmerzen, die vom Wachsen des Menschen im Mutterleib an existieren. Der nachösterlich als der Sohn Gottes Bezeugte – und damit Gott selbst – erfährt, was es bedeutet, Mensch zu sein, indem er selbst Mensch wird und nun als Mensch und damit in einer wahrhaft menschlichen Weise um den Menschen wirbt. Und dies mit dem Ziel, den Menschen in seine Freundschaft einzuladen. Im römisch-katholischen Christentum hat das Zweite Vatikanische Konzil zu dieser Interpretation gefunden: In seiner Offenbarung habe »der unsichtbare Gott [...] aus überströmender Liebe die Menschen« angeredet »wie Freunde«, habe mit ihnen »verkehrt«, »um sie in seine Gemeinschaft einzuladen und aufzunehmen« (Dei Verbum I.2). Dass das Konzil sich nicht konsistent auf diese Auslegungsoption des Grundes der Menschwerdung Gottes festgelegt hat, ist nicht zu übersehen. Die Texte sprechen hier eine eindeutige Sprache – und dies ist aus historischen Gründen insofern auch verständlich, als es nachvollziehbar ist. Zu stark wirkten eingeübte dogmatische Interpretationsmuster, als dass Eindeutigkeit in der Frage, warum Gott Mensch wurde, auch nur hätte erwartet werden können. Geschichte verläuft kontingent. Mit einer Geschichtskontingenz zu rechnen, bedeutet davon auszugehen, dass Geschichte von Menschen gemacht wird. Hierzu gehört auch das, was Verstehen genannt wird. Verstehensprozesse schaffen Wirklichkeiten. Und so verlaufen auch religiöse Vergewisserungsprozesse kontingent, schaffen sie kulturell wirksame Wirklichkeiten. Auch die Christentumsgeschichte ist als ein solcher Vergewisserungsprozess zu lesen. Aber immerhin haben sich die Konzilsväter zu dieser Grundorientierung hinreißen lassen, und das ist grandios: Denn sie öffnet den Weg zu einer zukünftigen Interpretation des christlichen Glaubens, die menschlich akzeptabel ist.

Wenn ich das so emphatisch, festlegend emphatisch formuliere, ist das auch so gemeint. Ich korrigiere sofort, sobald ich Gründe gegen dieses mögliche Verstehen akzeptieren kann. Nur bitte, bitte keine nochmalige Erwärmung von Phantasien, die einen guten Urstand ausmalen. Derer bin jedenfalls *ich* müde.

Gott streitet um sein Gottsein

Dritte Meditation

Das alttestamentliche Volk Israel hat seinen Glauben immer wieder den Unwegsamkeiten und Abgründen menschlichen Daseins ausgesetzt. Zwar kennt es auch die Erfahrung überreichen, gesättigten Lebens und betont das Wunder der Schöpfung. Aber es hat sich durch dieses dankbare Staunen nicht davon abhalten lassen, den geglaubten Gott schonungslos mit der Erfahrung entsetzlichen Unheils in seiner Schöpfung zu behaften. Israel war konsequent. Entweder ist Gott, dann muss man ihn mit den konkreten Wirklichkeiten seiner Schöpfung konfrontieren. Oder aber Gott, das ›Absolute‹, ist nicht in diesem Sinn Gott, dann kann man sich ›getrost‹ aus seinem Horizont verabschieden – bleibt dann aber ungetröstet. Alles kapriziert sich auf die Frage, ob Gott allmächtig ist. Seine geglaubte Allmacht macht ihn freilich anfällig dafür, an der Theodizeefrage zu scheitern. Lässt man ihn aber an dieser Frage scheitern, erklärt man ihn gar für tot, so wird man schonungslos eingestehen müssen, dass es auch künftig keinen Trost geben wird. Die Verzweiflung droht dann nicht nur, sondern sie ist bereits gegenwärtig und frisst sich in das Leben hinein. Ausdrucksformen kann sie sich unterschiedliche suchen. Die gegenwärtige Konjunktur einer stoischen Lebensform könnte eine sein. Man nimmt das Leben hin, nimmt durchaus auch dessen Untiefen wahr, ohne diese kleinzureden, und begrenzt sich auf das Glück des Augenblicks. Und zunächst einmal stimmt es ja auch, dass mit einer wegbrechenden Gotteshoffnung nicht zugleich eine vollkommene Lebensverdunkelung eintritt. Es gibt das Glück der Freundschaft, den Genuss von Musik und von vielem mehr. Und dennoch führt es das trostbedürftige Tier, den Menschen, an die Grenze zur Verzweiflung, damit leben zu müssen, dass am Ende alles durch den Gang der Dinge genichtet sein wird und es nicht einmal in einem Bewusstsein noch Erinnerung findet. Diese Ahnung führt jedenfalls *den* Menschen an diese Grenze, dessen Innerstes sich dagegen sträubt, sich abzufinden – den, der sich nicht abfinden *will*.

Schöpfungsglaube und Erwartung

Es ist erstaunlich, dass das Volk Israel nicht von seiner Gottessehnsucht Abschied genommen hat. Und Grund genug hätte es schon in alttestamentlicher Zeit immer wieder gehabt. Anstatt zu verzweifeln, betreiben die Theologen Israels Schöpfungstheologie. Sie appellieren kontrafaktisch »im Augenblick höchster Existenznot an die gute Schöpfungsordnung«.[10] Im Abgrund der Erfahrung halten sie am Glauben an den guten, seiner Schöpfung treuen Gott fest. So wie die alttestamentlichen Theologen Schöpfungstheologie betreiben, geht es nicht um Fragen des Anfangs der Welt. Diese deuten sich zwar an, gewinnen aber erst in viel späterer Zeit Gewicht. Vielmehr ist es eine Schöpfungstheologie, die von Gott die Neuschöpfung seiner Welt und damit die Einlösung seiner Treue gegenüber seiner Welt erhofft.

Die Schriften des von Christen so genannten Alten Testaments, des ersten Teils der christlichen Bibel, spiegeln dieses Ringen mit dem geglaubten Gott wider. Immer wieder setzt der Reflexionsprozess neu an, werden zu einfache Versuche verabschiedet, die meinen, abschließend erklären zu können, warum die Welt so und nicht anders ist. Das alttestamentliche Volk Israel verbietet sich immer mehr, die individuellen Schicksale oder auch das Schicksal des ganzen Volkes auf das Prinzip einer ausgleichenden Gerechtigkeit und damit auf einen Tun-Ergehen-Zusammenhang zurückzuführen. Gott ist zwar gerecht, aber er straft nicht, wie Menschen nach ihren Maßstäben nur allzu gern strafen. Der Grundsatz ›Hauptsache Gerechtigkeit‹ ist diesem Gott fremd. Er ist jedenfalls dem Gott fremd, zu dem sich das Volk Israel nach einer langen Reflexionsgeschichte durchgerungen hat. Barmherzigkeit ist der Name, der schließlich in der Theologie Israels sein Wesen aussagt (vgl. Hos 11). Deshalb kann die Frage danach, warum gelitten wird, auch nicht mit dem Hinweis auf eine Strafe Gottes beantwortet werden. Lieber lässt man die Frage nach dem ›Warum?‹ offen und überantwortet sie dem Gott, auf den allein sich die Hoffnung ausrichtet, als dass man zu vorschnellen Antworten greift.

Häufig erscheint Gott deshalb als dunkel angesichts der Zustände in seiner Welt. Er wird als der vermisst, der handelnd eingreifen könnte. Dies markiert seine Dunkelheit. Dass dieser Gott aber barmherzig ist und Gerechtigkeit bringen wird, behauptet sich gegen jede Erfahrung als Glaubensüberzeugung. Dunkel an Gott ist und bleibt, warum er nicht eingreift in den Natur- und Geschichtsverlauf.

Das wirft Fragen auf, die Gottes Ansichsein berühren. Der naheliegende Schluss aber, dass Gott vielleicht doch missgünstig sein, sich vielleicht sogar am häufig so vergeblichen Mühen und

Leiden der Menschen ergötzen könnte, wird von den alttestamentlichen Schriftstellern nicht gezogen.

Jesus – ein Exeget des Glaubens Israels

Jesus, groß geworden im Glauben der Mütter und Väter Israels, knüpft nahtlos an diesen Glauben an. Wie sollte es auch anders sein, ist er doch, wie die spätere Kirche dann auch eindeutig festschreibt, wahrer Mensch. Sie behauptet auch, er sei wahrer Gott. Und dies mit gutem Grund. Denn soll an dem Glauben festgehalten werden, dass sich in der Lebensgeschichte Jesu keine andere Erlösung ereignet hat als die Gottes selbst, so setzt dies Jesu wahres Gottsein voraus. Wäre Jesus nur ein Mensch unter anderen gewesen, die Gott verkündigten, für diesen einstanden, so wäre er immer noch eine faszinierende Figur der Religionsgeschichte. Nicht aber könnte dann geglaubt werden, dass Gott selbst *als* dieser Mensch – und zwar nicht abzulösen von diesem Menschsein! – entscheidend das ermöglicht hat, was noch zu erschließen sein wird: Dass der Mensch *nur* noch zu glauben hat und sich dann bereits jetzt erlöst wissen darf.

Gerade deshalb ist auch entschieden am wahren Menschsein Jesu festzuhalten. Ist er aber wahrer Mensch, dann schreibt sich dieses Menschsein in die Glaubensgeschichte des Volkes ein, aus dem heraus er existiert, fühlt und denkt. Wie ein Mensch eben, anderen Menschen gleich, der in einer Glaubensgeschichte steht und nun biografisch-existentiell den Glauben einübt. Auch Jesus glaubt nicht aus dem Nichts heraus, sondern innerhalb der sozialen und kulturellen Gegebenheiten, in die er hineingeboren wurde. Sein Glaube ist genauso konkret, erfahrungsgesättigt und damit dankbar und verletzlich, wie der Glaube aller anderen Menschen auch. Es ist der Glaube eines Mannes des damaligen sozialen und kulturellen Gefüges. Von daher wäre es auch absurd, von ihm – und besser ist ja zu sagen: von dem her, was von ihm überliefert ist – Antworten auf alle anstehenden Gegenwartsfragen zu erhalten. Jesus bewegte sich in den Vorstellungswelten seiner Zeit, und die sind ebenso geschichtlich bedingt gewesen wie die heutigen. Wenn er selbst weiterdachte, sich in biblische Reflexionsdynamiken einschrieb und darüber redete, was dem Willen Gottes angemessen sein könnte, so hat er auch die ihm Nachfolgenden dazu aufgefordert, sich ihres eigenen Verstandes zu bedienen.

Über seine inneren Konflikte mit dem, den er vertrauensvoll als Vater anredete, können wir uns nur ausschweigen. Empfand er vor allem ein dankbares Vertrauen seinem Vater gegenüber? Oder war er manchmal von Skepsis und Zweifel durchdrungen? Selbst die, die ihm begegnet sind, konnten ja nur aus seinen Reden und Taten folgern, was ihn innerlich bewegt und bestimmt haben mag.

Die Situation derjenigen, die ihm begegnen durften, und der ihm Nachgeborenen unterscheidet sich deshalb nur graduell. Wobei natürlich der Unterschied, den es bedeutet, einem Menschen begegnet zu sein oder von ihm ›nur‹ in Form von Erzählungen zu hören, auch nicht zu verschweigen ist. Ob ich ›nur‹ durch das auf Jesus sich berufende Lebenszeugnis anderer Menschen mit diesem Menschen in Kontakt trete oder aber unmittelbare Erfahrungen mit ihm machen durfte, kann nicht völlig gleichgültig sein. Allerdings ist das grundsätzliche Problem für alle Menschen dasselbe. Letztendlich muss man vertrauen, bereit sein, sich einzulassen auf diese ›Erzählung‹, um die ›Wahrheit‹ Jesu zu erkennen. Grundsätzlich ist Glaube Vertrauen, und das bedeutet für die Nachgeborenen: Sie vertrauen darauf, dass das, was vergangene Generationen geglaubt haben und was sie getragen hat, was bezeugt wurde durch die Überlieferungsgemeinschaften, die Kirchen genannt werden, richtig und lebenswert ist. Es gibt keinen Standpunkt von außen, der über den Anspruch Jesu entscheiden könnte; immer ist alles nur zugänglich durch die Brille der Interpretation. Für die Nachgeborenen muss aber klar bleiben, dass nur das zugänglich ist, was die, die zuerst zum Glauben an ihn kamen, in literarisch gestalteter Form, in theologischer Deutung über ihn aussagten. Und das lässt sich auf bestimmte Punkte konzentrieren.

Wenn es in den Verhältnissen seiner Zeit zum Konflikt um den wahren Gott kommt, so kommt Jesus in der neutestamentlichen Überlieferung zu erstaunlich einfachen Aussagen. Nicht ein kompliziertes Abwägen steht dann an, sondern Eindeutigkeit: Gott ist barmherzig. Und weil Gott barmherzig ist, sollen auch die Menschen barmherzig sein, die sich diesem Gott glaubend anvertrauen. Wer diesem Gott glaubt, sich von ihm barmherzig angenommen glaubt, der geht auch barmherzig mit anderen Menschen um. Nicht ein *Du sollst* ist in dieser Logik das erste Wort bezogen auf den Menschen, sondern ein *Du darfst sein*. Sich so angenommen zu wissen, drängt dann darauf, dass auch andere Menschen dies für sich erfahren können. Und so versteht sich, warum es keine Liebe zu diesem Gott ohne Nächstenliebe gibt. Nächstenliebe ist sich bestätigender Gottglaube.

Und deshalb kann auch moralischer Rigorismus, Gesetzestreue um des Gesetzes willen diesem Gott nicht angemessen sein. Es geht, wenn man dies betont, nicht um moralisches Einerlei. Der Jesus, wie er neutestamentlich begegnet, weiß entschieden zu reden, auch einzufordern. Die Gottessache selbst, die immer auch für Ehrlichkeit und Verbindlichkeit und dann vor allem für Gerechtigkeit steht, gebietet dies. Aber zum einen weiß Jesus um die Schwere, die dieses an sich Leichte im Menschen auslöst. Zum anderen achtet er auf die konkreten Lebenssituationen. Was weiß der Mensch schon von einem anderen Menschen, davon, was ihn innerlich bestimmt, davon, warum er so und nicht anders handelt und lebt. Die als Schöpfung Gottes geglaubte Welt ist komplizierter als moralische Prinzipienreiterei meint, positiv gesprochen: Erst dann, wenn die realen Bedingtheiten des Menschseins in den Blick geraten, wird die Moralität aus ihrem platonischen Ideenhimmel heraus geerdet und so real. Wenn Gott selbst nicht abstrakt fordert, sondern seinen Namen in die konkreten Lebensverhältnisse hinein aussagt, so hat dies auch der Mensch zu tun. Wenn Jesus von der Einheit von Gottes- und Nächstenliebe spricht, verdichtet sich diese Grundüberzeugung. Aber diese Überzeugung ist keine andere als die Überzeugung Israels. Sie ist nicht nur zutiefst erfüllt vom Vertrauen gegenüber dem Vater, sondern auch zutiefst menschlich.

Historische Ernüchterung als Gewinn

Bereits die neutestamentlichen Geburts- und Kindheitsgeschichten Jesu sind sichtlich bemüht, über diese Verkündigungspraxis hinaus die Besonderheit Jesu hervorzuheben. Zwar bleibt historisch nicht viel übrig, wenn man sich ihnen – zumal dem Weihnachtsevangelium, wie es sich bei Lukas findet – kritisch nähert. Die lieb gewonnenen Geschichten rund um das Jesuskind, das von einer jungen Frau während einer Volkszählung in einem Stall bei Bethlehem geboren wird, entpuppen sich dem historisch-literarisch geschulten Blick als Erzählungen. Hier wird Theologie getrieben. Dem Autor dieses Evangeliums ging es nicht um historische Detailarbeit, um eine möglichst genaue

Schilderung der Geburtsereignisse, sondern darum, seinen Lesern Gottes Heilsgeschichte mit der Menschheit zu erschließen. Wer sich selbstverständlich in der Literatur bewegt, die Christen heute alttestamentlich nennen, weiß darum. Die Untersuchung Anton Vögtles zur lukanischen Weihnachtserzählung ist historisch ungemein ernüchternd. Weder hat es demnach eine Steuerpflichterhebung gegeben noch sind die geschilderten Begleitumstände von Jesu Geburt, von der Unterbringung des Neugeborenen in einer Krippe bis hin zum Erscheinen von Engeln, historisch glaubwürdig. Niemand, so Vögtle, sei damals auf den Gedanken gekommen, »zur Begründung des Christusglaubens auf eine zum Zeitpunkt der Geburt erfolgte himmlische Offenbarung der Messianität Jesu oder auch nur auf Bethlehem als schriftgemäßen Geburtsort des Heilsbringers hinzuweisen.«[11] Kennzeichnend sei vielmehr »das völlige Desinteresse an [den, M.S.] näheren Umständen der Geburt Jesu.«[12] Alle diese Erzählsegmente verfolgen vielmehr einen einzigen Zweck, nämlich auf der Basis der Schriften Israels Jesus als den wahren Messias darzustellen. Dieser geschichtlich aufgebrochene Glaube daran, dass Jesus der wahre Sohn Gottes und damit der erwartete Messias sei, wird durch die erzählerische Ausgestaltung der Geburt Jesu deutlich gemacht. Denn dass der Mensch, der beanspruchte, an Gottes Stelle aus eigener Vollmacht zu handeln, dies legitimerweise nur durfte und konnte, wenn er der Sohn Gottes war, leuchtet unmittelbar ein. Ist er es aber, dann ist er es auch bereits als Säugling – ja, so wird die Kirche dann schließlich festhalten: Er ist es nie geworden, sondern er ist von Ewigkeit her. Weil die erzählerischen Elemente von der Krippengeburt, von dem den Hirten erscheinenden Engel und so fort Heilsgeschichte erschließen, sind sie dennoch unverzichtbar.

Den Betrachter der Krippe muss diese historische Ernüchterung nicht enttäuschen, ganz im Gegenteil. Denn es wird Heilsgeschichte erzählt, die wundervoller für den Menschen nicht sein könnte. Und an dem Umstand, dass Jesus in allem uns gleich in die Welt hineingeboren wurde, ändert sich nichts dadurch, dass sich die konkrete Schilderung dieser Geburt als Versuch entpuppt, die Bedeutung Jesu erzählerisch zu erschließen. Dass Gott wahrhaft Mensch geworden ist, wird nicht dadurch entmythologisiert, dass man historisch vorsichtig ist. Vielmehr vermittelt sogar die Einsicht, dass es sich hier um Literatur handelt, die freilich – das darf nicht vergessen werden – die Bedeutung eines Menschen erschließt, der real gelebt hat, die Größe, man könnte auch sagen die Verrücktheit dieses Gottes: Dass Gott nicht anders Gott für den Menschen werden wollte als dadurch, dass der Mensch diesen verstehen lernt von Angesicht zu Angesicht. Dazu aber bedarf es der Ausdeutung. Und deshalb sind die Evangelien, ist das Lukasevangelium von der Geburt des Messias ›heilige‹ Literatur. Den Interpretationsprozess der im Glauben gesetzten Geschichte Gottes mit der Menschheit schließen diese aber nicht ab, sondern sie orientieren ihn.

Israels ewige Auszeichnung aus allen Völkern

Der Glaube an den fleischgewordenen Logos markiert einen Absolutheitsanspruch, der zugleich relativ bleibt. Es muss noch gesehen werden, was dieser Selbsterweis Gottes für das Verständnis von Erlösung austrägt und welche bereits jetzt zu realisierenden Lebensmöglichkeiten für den Menschen in diesem Glauben eingeschlossen sind. Dies soll in den nachfolgenden Meditationen geschehen. An dieser Stelle der Überlegungen soll mit einem neuen Begriffspaar, dem von ›endgültig offenbar‹ und ›relativ‹, ein anderer Akzent gesetzt werden. Die modernen Natur- und Lebenswissenschaften führen dem Menschen immer deutlicher vor Augen, welche enormen evolutiven Etappen zurückgelegt wurden, bis Menschsein möglich wurde. Und evolutionstheoretisch gedacht, gibt es keine innere Gesetzmäßigkeit der Natur, die zwangsläufig auf die Entwicklung des Menschseins zusteuerte, wie es uns in seiner ganzen Größe, aber auch seinem ganzen Elend begegnet.

Die historischen Wissenschaften hingegen erhellen immer mehr, wie viele unterschiedliche, teils sogar höchst divergente kulturelle und religiöse Selbstverständnisse sich im Verlaufe der Menschheitsgeschichte entwickelten. Als das alttestamentliche Volk Israel in immer neuen Anläufen sein Bekenntnis zum einen und einzigen Gott fand, es diesen Gott schließlich als den einzig existierenden Gott behauptete, hatte sich etwa in der Geisteswelt Indiens bereits eine Vielzahl anderer religiöser Selbstverständnisse entwickelt. Von dieser in der Menschheitsgeschichte selbst angelegten Pluralität abzusehen, sie womöglich sogar auf eine erbsündlich provozierte ›babylonische Sprachverwirrung‹ zurückzuführen, ist schlicht absurd. Eine solche Verwirrungshypothese rechnet mit einem ehemals guten Urstand, den es nie gegeben hat. Nicht der Schulbuchdogmatik ist zu folgen, die vor lauter Angst, Gott mit dem Elend seiner Schöpfung belasten zu müssen, teils bis heute die Idee verfolgt, das ehemalige Paradies auf Erden sei durch die Sünde des Menschen in sein Gegenteil verkehrt worden. Theologisch gilt es umzudenken, und dies schon deshalb, weil es kein theologisches Sonderwissen von den Gesetzmäßigkeiten dieser Welt gibt. Der in biblischen Zeiten aufgebrochene Glaube an den weltzugewandten, geschichtsfähigen Gott ist in evolutionstheoretisches Wissen einzubuchstabieren. Und neben evolutionsbiologischen ist mit höchst komplexen, evolutionstheoretisch-ethnologisch rekonstruierbaren und damit kulturellen Prozessen zu rechnen, in denen sich allererst religiöse Selbstverständnisse herausbildeten. Vor einem solchen Hintergrund, der den Gedanken einer Evolution des Lebendigen aufnimmt und kulturelle Prozesse in diese einzeichnet, zeigt sich der Glaube an die Menschwerdung Gottes nochmals in einem anderen Licht, als es das eingeübte Denken von Sünde und Wiederherstellung durch das Sohnesopfer Jesu nahelegt.

Deshalb meine Frage: Könnte es nicht sein, dass Gott deshalb Mensch wird, um in einer menschlichen Gestalt, in menschlicher Rede und Praxis sein Gottsein endgültig zu vereindeutigen? Um sich endgültig als der zu erweisen, der er in Wahrheit ist? Das eigentlich Nicht-Vorhersehbare dessen, was an Weihnachten erinnert wird, könnte darin liegen, dass Gott endgültig und in einer nochmals neuen, an Eindringlichkeit nicht mehr zu überbietenden Weise beginnt, sich in seinen Auslegungsprozess einzumischen – und zwar, indem er selbst Mensch wird und gerade so, auf unscheinbare Weise und bezogen auf das Volk, das ihn zuerst als diesen Gott ausdeutete, sein Reich aufzurichten beginnt. Wer so denkt, rechnet nicht mit einer Evolution des Göttlichen selbst. Gott ist Gott, und er bedarf der Welt nicht, um Gott sein zu können. Und auch der menschliche Erschließungsprozess Gottes wird, wenn man so denkt, nicht in seiner menschlichen und göttlichen Bedeutung relativiert, ganz im Gegenteil sogar. Es ist ja gerade das Überraschende, dass Gott sich in einen Erschließungsprozess, der bereits stattgefunden hatte, inkarnieren, sich ›einfleischen‹ konnte.

Christlich betrachtet, zeichnet dies Israel in alle Ewigkeit aus allen Völkern aus. Zwar ist auch damit zu rechnen, dass dieser

Gott mit seinem Geist immer und überall als der gegenwärtig war und ist, der sein menschliches Ebenbild überall und zu allen Zeiten umwirbt. Aber dass Israel sich diesen Gott zugemutet hat, sich in und trotz ständiger Bedrohung auf den Glauben an einen vorbehaltlos barmherzigen und gerade deshalb Gerechtigkeit in den menschlichen Verhältnissen einfordernden Gott eingelassen hat, macht seine Größe aus. Umso erschreckender ist, dass ausgerechnet das Volk, welches zuerst diesen Gott mit seinem universalen Barmherzigkeitsversprechen, aber eben auch Gerechtigkeitswillen bekannt hat, ausgemerzt werden sollte. Die Weihnachtsstimmung kann davon nicht unberührt bleiben. Wer Weihnachten feiert, wird sich auch an die erinnern und sich mit denen verbinden, die mit dem *Höre Israel (»Schmah Israel«)* auf den Lippen in die Gaskammern gingen oder auch längst an Gott verzweifelt waren. Christlich Eucharistie zu feiern geht nur in diesem Eingedenken. Andernfalls wäre es Verrat am Juden Jesus von Nazareth.

Weihnachten – Gott macht sich zum Exegeten seiner Wahrheit, als Mensch

Das zunächst als jüdische Splittergruppe auftretende Christentum ändert das vom alttestamentlichen Volk Israel durchgesetzte Gottesbild nur in dem Punkt, dass es diesen Gott nicht mehr ohne Jesus, den Christus und damit den erwarteten Messias, glauben kann. Es feiert an Weihnachten, dass Gott selbst seine Strittigkeit – wer ist Gott wirklich? – beendet hat, indem er Mensch geworden und so endgültig in seinem Gottsein offenbar geworden ist.

Weihnachten ist das Fest, an dem gefeiert wird, dass Gott sich durch seine Menschwerdung endgültig zum Exegeten seiner selbst macht. Er räumt mit dem bleibenden, von keiner menschlichen Vernunft aus sich selbst heraus zu beschwichtigenden Zweifel am Wesen seiner selbst auf und offenbart seine vorbehaltlose Entschiedenheit für den Menschen, indem er selbst Mensch wird. Wer das Kind in der Krippe betrachtet, sich daran erinnert, wie dieses Leben ausging, warum es so ausging, wie es ausging, dass nämlich Jesus sich lieber grausam hinrichten ließ, als mit der Botschaft vom bedingungslos liebenden Gott und seinem eigenen Anspruch zu brechen, dass mit ihm selbst – in seiner eigenen vollmächtigen Freiheit – Gott endgültig Gott für den Menschen werden wollte, der ahnt die Größe dieses Glaubens. Wohlgemerkt eines Glaubens! Die Skepsis bleibt, und sie hat Gründe. Aber die Sehnsucht nach einem solchen Gott lässt sich nicht stillen, solange der Mensch groß von sich denkt, um die Würde und Schönheit des menschlichen Daseins weiß.

Eröffnung von Christsein und Erfahrung von Pluralität

Was im damaligen Israel vor gut zweitausend Jahren als Möglichkeit des religiösen Selbstverstehens aufbrach, sich zunächst in einer jüdischen Splittergruppe und dann in den Kirchen etablierte, sieht sich heute mit einer ganz anderen Erfahrung konfrontiert, der von religiöser und weltanschaulicher Pluralität. Was sich heute christlicher Glaube nennt (und es gibt diesen nur als plural ausdifferenzierten), weiß oder könnte zumindest darum wissen, geschichtlich geworden zu sein. Sich aber selbst als geworden zu wissen, zieht auch nach sich, um die Relativität des eigenen Gewordenseins zu wissen. Gilt, was mich innerlich bestimmt? Und: Wenn ich von der Wahrheit des eigenen Glaubens überzeugt bin, der doch radikal an Geschichte gebunden ist, wie kommt es überhaupt zu religiöser Pluralität und was bedeutet diese für Gott selbst?

Nun war die These vertreten worden, dass Gott deshalb Mensch wurde, um endgültig offenbar werden zu lassen, was ihn in seinem Wesen bestimmt und wer er für den Menschen sein will.

Bezogen auf das Judentum kann man nicht umhin, dies dramatisch zu nennen. Bereits Paulus leidet unter der Frage, warum ausgerechnet das ersterwählte Volk – in meinen Worten: das Volk, das sich zuerst den Begriff von einem Gott zu eigen machte, der Barmherzigkeit ist und Gerechtigkeit will – nicht zum Glauben an Jesus als den Christus kam. Paulus hat noch nicht die Denkvorstellung einer freien Geschichte; deutlich finden sich bei ihm Elemente eines Vorherbestimmungsdenkens. Und so sinniert er im Römerbrief über die Frage, warum Christus ausgerechnet für das ersterwählte Volk zum »Stolperstein« (Röm 9-11) wurde. In einem freiheitstheoretischen Denken sind Figuren von Vorherbestimmung nicht zu halten, aber: Zukunftsweisend und produktiv zu machen ist die theologische Implikation, die er mitführt. Er weigert sich, hier einfach von der Schuld der Juden zu reden. Und wie sollte dies auch möglich sein. Denn schließlich gibt es gute Gründe, nicht zu glauben, dass ausgerechnet dieser so schmählich Hingerichtete der erwartete Messias gewesen sein soll. Deshalb überantwortet Paulus die Frage, warum ausgerechnet seine älteren Schwestern und Brüder nicht zum Glauben fanden, Gott.[13] Er formuliert diese Frage als Problem der Theodizee.

Würdigung der Existenz

Vierte Meditation

Es gibt eine eigentümliche Dissonanz im Glauben, wenn es um die Leiblichkeit des Menschen geht. In seiner Enzyklika *Deus caritas est* hat Benedikt XVI. zumindest knapp angedeutet, dass es in der Geschichte des Christentums leibfeindliche Tendenzen gegeben habe.[14] Auch wenn es einen klischeehaften Vorwurf christlicher Leib- und dann vor allem Sexualfeindschaft gibt, so lässt sich nicht bestreiten, dass bestimmte Auslegungstraditionen des Christentums Menschen in ihrem Bedürfnis nach Nähe und damit auch nach sexueller Nähe zutiefst neurotisiert haben. Die enge Bindung des Sexualtriebes an das Thema der Sünde ist extrem einflussreich für diese Fehlentwicklung geworden. Und wenn es gegenwärtig immer noch und immer wieder das Thema der Sexualität ist, das primär mit dem Begriff Sünde assoziiert wird (wenn auch meistens nur noch süffisant lächelnd), so ist dies ein später Reflex auf diese Entwicklung. Als man (jedenfalls in Teilen) begann, sich aus dem Diktat sexueller Bevormundung zu lösen, erlernte man endgültig, was Autonomie ist.

In gewisser Weise hat der Glaube an die Inkarnation Gottes selbst einen Dauerkampf gegen die platonische Dauerversuchung ausgelöst. Platonisch zu denken heißt, den Akzent auf die Schau ewiger Ideen oder auch ewiger Wahrheit zu setzen. Diese sind dem endlichen Geist immer nur abgeschattet zugänglich. Nicht als solche sind sie zu erkennen, sondern als Widerschein auf den endlichen Gestalten des Seins. Denke ich erst einmal in dieser Logik, so muss es geradezu zwangsläufig zu einer Abwertung des Materiellen und damit des Körperlichen in allen seinen Dimensionen kommen. Verbindet sich dieser Platonismus mit dem Begriff einer Sünde, der diese vor allem in der Hinwendung zum Irdischen erkennt, so ist die Abwertung total. Erlösung wird dann ausgedeutet als Erlösung von den Fesseln unserer materiellen und biologischen Existenz und der damit verbundenen Bedürfnisse. Erlösung geschieht in dieser Logik dadurch, dass der Mensch diese Fesseln *als* Fesseln erkennt und sich von ihnen frei macht.

Aber steht nicht diese Abkanzelung des Körperlichen in einem deutlichen Widerspruch zum Ursprung des Christlichen – zu Gottes realer Menschwerdung? Schon die Alte Kirche hat sich gegen die Verachtung des Körpers entschieden zur Wehr gesetzt. Der Glaube an die Annahme des Fleisches durch Gott selbst musste zu einer Würdigung des Menschen führen, wie er nun einmal konkret – und das heißt: leiblich – existiert. Was Gott selbst als Daseinsweise angenommen und in den Bedürfnissen dieser Daseinsweise gelebt hat, kann nicht grundsätzlich mit dem Makel des Schlechten behaftet sein. Wenn die Theologie des Ostens betont hat, nur was Gott angenommen habe, könne erlöst sein,[15] so gilt dann auch umgekehrt: Was Gott angenommen hat, ist unendlich gewürdigt.

Hinzu kommt, dass die Jesusüberlieferungen der Evangelien sich sehr konkret gestalten, will heißen: Sie buchstabieren die Bedeutung Jesu, die Bedeutung seiner Botschaft und seiner

Person in den konkreten Lebenskontexten durch. Der biblische Jesus redet nicht abstrakt von Gott, losgelöst von den konkreten Freuden und Nöten der Menschen, sondern nimmt diese wahr, redet von Antlitz zu Antlitz, lebt mit Menschen und wirkt somit in Beziehungen und Verhältnisse hinein.

Kein abstrakter, sondern ein konkreter Glaube

Deshalb kann und darf der Glaube, der an Weihnachten in den Blick kommt, nicht aus den konkreten Lebensverhältnissen gelöst werden. Die heilmachende Bedeutung des Glaubens bezieht sich auf dieses Leben, in seiner ganzen Konkretheit. Damit ist nicht bestritten, dass es eine Hoffnung über den Tod hinaus gibt, die sich an den Gott dieses Glaubens bindet. Aber es ist dieses Leben, das vollendet werden soll, und deshalb soll der Glaube an diesen Gott bereits jetzt wirksam das Leben gestalten und es da, wo es gebrochen oder gar zerbrochen ist, heilen.

Die neutestamentlichen Jesusüberlieferungen sind da eindeutig. Der biblische Jesus schreibt sich umstandslos in den Glauben der Mütter und Väter ein. Wäre der Begriff nicht so negativ besetzt, so könnte man den Glauben Jesu materialistisch nennen (natürlich nicht in einem säkularistisch-materialistischen Sinn, der die Bedürfnisse des Menschen profanisiert). Das als Vaterunser die christliche Frömmigkeitstradition stark prägende Gebet Jesu, das sich bei näherem Hinsehen als genuin jüdisches Gebet entpuppt, ist in diesem guten Sinn diesseitsbezogen. Die Brotbitte darf deshalb auch nicht im schlechten Sinne vergeistigt, dadurch missverstanden und so das Christentum zum »Platonismus für das Volk« (Friedrich Nietzsche) verwandelt werden. Sondern sie muss in ihrer ganzen Fülle gehört und bewahrt werden.

In der Bitte um das tägliche Brot[16] wird all das erbeten, was der Mensch zu seinem Dasein benötigt. Was machte dies aber für einen Sinn, wenn der menschliche Leib nicht als die Gabe Gottes schlechthin zu verstehen wäre? Wenn er nur als die abzuwerfende Hülle einer ›eigentlichen‹, rein geistigen Daseinsweise zu verstehen wäre? Wenn in einer vom Körper getrennt zu
60 denkenden Seele der Mensch sein wahres, ewiges Zentrum hätte? Das Weihnachtsfest setzt gegen solche Aufspaltungen des Menschen einen deutlichen Akzent. Es erinnert an die natürliche Bedürftigkeit des Menschen, eine Bedürftigkeit, die Jesus mit den Menschen teilt. Manchen Gebildeten mögen bestimmte Frömmigkeitstraditionen, die ganzen anthropomorphen Ausschmückungen des Weihnachtsfestes und seine Übersetzung in regionale Kulturen skurril vorkommen. Gerade Traditionen der Volksfrömmigkeit waren immer sinnlich angelegt. Aber vielleicht haben sie nur sinnlich anschaubar gemacht, was es bedeutet, Weihnachten zu feiern, und dabei intuitiv mehr von der Größe des Glaubens an den Mensch gewordenen Sohn Gottes bewahrt, als so mancher Begriff von ihm.

Natürlich wirkt so manche Krippenidylle auch befremdlich, jedenfalls auf mich. Aber mit der heilen Welt, die hier begegnet, spricht sich nicht nur die Sehnsucht des Menschen aus, es möge in den konkreten Verhältnissen heil sein, Wärme und Lebensfreude herrschen; es möge einem jeden Menschen das gewährt werden, was er zu seinem Leben benötigt. Sondern auch das erstaunte Verwundern darüber, dass Gott das Menschsein geteilt hat und dass die Welt vielleicht nur dann heil wird, wenn Gott sie von innen heraus – nicht rein geistig, sondern in der Konkretheit unserer Existenz – heil macht. Die anrührende

Geschichte von der Herbergssuche versteht jedes Kind deshalb, weil der Mangel zumindest als bedrückende Möglichkeit unmittelbar einleuchtet. Und wer wirklich in Armut lebt, der wird der Vorstellung, dass der Sohn Gottes selbst in ärmliche und unerwünschte Verhältnisse hineingeboren wurde, sofort etwas abgewinnen können. Es ist wohl kaum ein Zufall, dass die kulturell und sozial an den Rand Gedrückten dieser Erde gerade diese Züge am Glauben an die Menschwerdung Gottes hervorgekehrt haben – ein solidarischer Gott! Gerade Menschen, denen es am täglichen Brot so oft fehlt, verstehen diesen Glauben, können ihn übersetzen in ihre eigene Existenz und gewinnen aus ihm Kraft.

Jedenfalls jene, die an ihrem Leben und am Glauben noch nicht restlos verzweifelt sind. Denn natürlich kehrt sofort die beunruhigende Frage zurück, wie die Welt denn heil werden soll und wem es in seinem Elend nützt, wenn Gott selbst Mensch wird und sich dem Schicksal des Menschseins aussetzt. Und die Bitte nach Brot doch weiter im Leeren zu verhallen scheint. Gleichwohl sitzt die Sehnsucht nach einem Gott, der selbst Mensch wird und durch seine Menschwerdung die menschliche Existenz würdigt, tief im Menschen; zumindest lässt sich verstehen, warum der Mensch diese Sehnsucht aus sich hervorgetrieben hat: Es ist die Sehnsucht nach einer bedingungslosen Würdigung seiner eigenen Existenz. Womöglich stößt das Weihnachtsevangelium deshalb immer noch auch bei Menschen auf Resonanz, die selbst nicht mehr glauben können.

Weihnachten als natürliches Mysterium des Menschen

Im Gespräch mit dem Mailänder Kardinal Martini hat Umberto Eco dies eigentümlich formuliert: »Selbst wenn Christus nur das Sujet einer großen Erzählung wäre – die Tatsache, daß diese Erzählung von ungefiederten Zweibeinern, die nur wissen, daß sie nicht wissen, erdacht und gewollt werden konnte, wäre

ebenso wunderbar (wunderbar geheimnisvoll), wie daß der Sohn eines wirklichen Gottes wahrhaftig Mensch geworden sein soll. Dieses natürliche Mysterium würde nicht aufhören, die Herzen der Nichtgläubigen zu verwirren und zu veredeln.«[17]

Diese Äußerung ist vielschichtig und entsprechend interpretierbar. Zunächst läuft sie auf die bereits ausgeführte Würdigung des Menschen hinaus. Es ist erstaunenswert genug und markiert allein schon die Größe des Menschen, dass er – einmal unterstellt, die Geschichte vom Mensch gewordenen Gott wäre eine rein erfundene oder jedenfalls das Leben des Menschen Jesu hoffnungslos überinterpretierende Geschichte – diese Geschichte hat erfinden können. Warum dies so ist, erschließt sich, wenn man den Hintergrundtext der Äußerung von Eco entschlüsselt. Wäre es nicht wirklich das, über das hinaus Menschen nichts Größeres erdenken und erträumen könnten: Dass Gott selbst Mensch wird? Dass nicht nur ein Gott existiert, der den Menschen will und zu sich selbst ermöglicht, ja ihn in die eigene Freiheit und Autonomie entlässt und sich von dieser abhängig macht? Vielmehr dass ein Gott existiert, der das Wunder des Menschseins teilt, indem er in allem dem Menschen gleich selbst Mensch wird?

Einer der größten Skeptiker des 20. Jahrhunderts, Emile M. Cioran hat im Inkarnationsglauben »die gefährlichste Schmeichelei« gesehen, »die uns zuteil wurde«.[18] Sein Argument läuft darauf hinaus, dass mit dieser Würdigung des Menschen die Kontrasterfahrung, nur eine unbedeutende Marginalie in einer an sich sinnlosen Welt zu sein, ins Maßlose wachse. Erlernt der Mensch aufgrund von Erfahrung, dass kein gütiger und barmherziger Gott existieren kann, so leidet der Mensch nicht nur am Leiden, am Todesgeschick, sondern nun auch noch daran, dass kein Gott existiert, der rettet. Wer nie gehofft hat, muss zumindest nicht auch noch an einer Hoffnung leiden, die ihm zerborsten ist. Das Leiden als solches ist und bleibt unausweichlich. Aber es verdoppelt sich nicht. Andererseits scheint es kaum Menschen zu geben – jedenfalls in den Kulturkontexten, die von den monotheistischen Religionen geprägt wurden –, die nicht die Hoffnung auf einen rettenden Gott kennen. Aber ist es nicht die bessere Alternative, man verabschiedet sich aus dem Horizont eines solchen Gottes, anstatt sich permanent enttäuschen zu lassen? Das Leiden an einem Gott, der doch nur enttäuscht, endet dann. Aber kann und will der Mensch sich so abfinden?

Die sich am Weihnachtsfest artikulierende religiöse Sehnsucht lässt mutmaßen, dass es im Menschen einen massiven Widerstand gibt, sich mit dem abfinden zu sollen, was ist und was sich in der Härte seiner Erfahrung nicht beschwichtigen lässt. Und immerhin hält Weihnachten eine Botschaft bereit, die in ihrer Anfrage an den Menschen nicht verschwiegen werden sollte. Hier wird kein Gott gefeiert, der aus jenseitigen Höhen die Mühsal der Menschen teilnahmslos betrachtet. Sondern ein Gott, der selbst Mensch wird – teilt, was uns Menschen ausmacht, fleischlich, sich an der Gabe des Daseins freut und ihre Beschwernisse von innen her erlebt. Es wird ein Gott gefeiert, der in die Daseinsweise unserer leiblichen Existenz eingeht, mit ihrer ganzen Schönheit und Zerbrechlichkeit, und diese Daseinsweise in einer unvorhersehbaren Weise würdigt. Nichts von dem, was den Menschen als leiblich-körperliches Wesen ausmacht, ist schlecht. Sondern alles dieses ist zunächst einmal Gabe Gottes und Zeichen seiner Menschenfreundlichkeit, gewürdigt durch ihn selbst – indem er es selbst angenommen hat.

Die Vorstellung, dass ein Gott dies tut, ist so unbegreiflich, dass sie, sollte sie wahr sein, umso schöner ist. Vom Menschen her betrachtet ist es das Größte, was ihm passieren kann: Ein Gott, der die menschliche Daseinsweise würdigt, indem er sie annimmt und in allen ihren Dimensionen teilt. Die Hoffnung darauf lässt sich beschreiben als das natürliche Mysterium des Menschen. Wer Weihnachten feiert, behauptet die Wahrheit dieses Mysteriums: Gott würdigt die Existenzweise des Menschen durch seine eigene Menschwerdung. So vom natürlichen Mysterium des Menschen zu reden, provoziert natürlich einen Verdacht – den von geschichtsloser Abstraktheit. Soll die Überzeugung durchgehalten werden, dass Gott die realen Geschichtssubjekte vor Augen hat, dann ist die Rede von der unendlichen Würdigung des Menschen zumal auf die zu beziehen, die nicht lebenssatt sterben konnten und können. Ob nicht der Tod überhaupt der Skandal aller Skandale ist, lasse ich hier dahingestellt. Klar muss aber bleiben, dass Tod nicht gleich Tod ist. Schon deshalb hat Adorno die Rede von einer »Ganzheit des Lebens« als »Chimäre«[19] bezeichnet. Der Tod macht nicht ganz, sondern er bricht ab. Und spätestens angesichts der Gewalt, die tobt, desavouiert sich jede verallgemeinernde Ganzheitsrhetorik des Todes als zynisch.

Nicht Seinsgeraune, sondern konkretes Eingedenken. Zu Martin Heidegger

Adorno hatte zumal die Todesmetaphysiken des 20. Jahrhunderts vor Augen, insbesondere diejenige Martin Heideggers. Bei Heidegger übt das Wissen um das Vorlaufen auf den Tod die Funktion aus, dass der Mensch den Ruf in die Eigentlichkeit hört, nicht dem ›Man‹, der Alltäglichkeit des Geschwätzes folgt;[20] was dies dann konkretisiert bedeutet, hat Heidegger nicht ausgeführt. Sich ein Selbst zu sein wird als Aufgabe bestimmt, die keine Vergewisserung in universalethischen Maßstäben kennt. Hans-Ulrich Gumbrecht hat im Zusammenhang mit Heideggers Todesbeschäftigungen auf die Faszination hingewiesen, die der Tod zumal auf Intellektuelle, aber etwa auch auf Faschisten ausgeübt hat – und er erwähnt den Begriff der »Existenzfreudigkeit«, den Heidegger bezogen auf seine Analysen des Vorlaufens auf den Tod benutzt.[21] Freilich darf man sich nicht täuschen lassen. Mit dem Begriff ist nicht einfach die Freude am Dasein gemeint. Es ist der Nervenkitzel, den die Möglichkeit des Todes auslöst: Im Aufblitzen der Gefahr erfährt sich das Subjekt, löst sich aus dem Gefühl der Langeweile.

Ob Heidegger sich schließlich als Person von den Nationalsozialisten gelöst hat, kann hier nicht diskutiert werden. Davon unabhängig ist die Frage zu stellen, ob sein Philosophieren sich gegen eine Inanspruchnahme durch Gewaltpotentaten sperrt. Dies ist bei Heidegger zu fragen und auch bei dem, der einer der entscheidenden Impulsgeber Heideggers war, nämlich Friedrich Nietzsche. Beide denken aus einer Perspektive des Untergangs bisheriger Sinnressourcen. Nietzsche hatte wenige Jahrzehnte vor Heidegger vom schwachen Nihilismus gesprochen. Gott ist tot, aber was nun? Gott, und zumal der christliche

Gott, war für Nietzsche nichts anderes als Ausfluss eines dekadenten, an sich selbst zugrunde gegangenen Lebens. Der Nihilist glaubt zwar nicht mehr an Gott, aber dazu, Eigenes zu schaffen, ist auch er noch nicht in der Lage.[22] Dies wird, so die Sehnsucht und Prognose Nietzsches zugleich, ein kommender Mensch können, der den Nihilismus vollständig in sich verarbeitet hat. Es ist die Kehrseite einer Moderne, die nicht mehr in Gott verankert ist, dass nun das Schaffen um des Schaffens selbst willen zur Maxime werden kann, das aus der Lethargie des dahingleitenden Lebens zu ›erlösen‹ vermag.

Thomas Mann hat in *Der Zauberberg* dem Lebensgefühl der Zeit vor dem Ersten Weltkrieg sein literarisches Denkmal gesetzt. Das nackte Erlebendürfen löste zumal in intellektuellen Kreisen eine ungeheure Kriegsbegeisterung aus.[23] Umso erschreckender ist, dass Heidegger wenige Jahre vor dem Ausbruch des Zweiten Weltkrieges, in einer Zeit, als der Terror in Deutschland bereits tobte und die Kriegsvorbereitung längst im Gang war, als die Pläne zum Massenmord in den Köpfen der Regimespitzen längst goren, sich einer Radikalrhetorik bedient, welche faktisch die Gewalt philosophisch legitimierte. Zauderer werden diffamiert: »Jene, die unter Berufung auf das bisherige Große, für das sie nichts können, dessen innersten Grund, die Notwendigkeit des Schaffens, leugnen, weil sie das Wesentliche am Schaffen nicht ertragen: Das ist das Zerstören-Müssen.«[24] Kritisch an solchen Formulierungen ist nicht, dass der Mensch schaffen muss, und das heißt auch: dass er sich in ein Selbstverhältnis zu seinem Wollen setzen muss. Und warum soll sich der Wollende nicht *wollen*? Kritisch ist, dass es kein moralisch-ethisch qualifiziertes Wollen ist, das hier angestrebt wird. Heroischer Gewalt jenseits von Gut und Böse und dem blanken Opportunismus werden so Tür und Tor geöffnet. Zwar beziehen sich die Sätze Heideggers auf Nietzsches Kritik des »bürgerlichen Kulturbetrieb[s]« und der »künstlichen religiösen Erneuerungsbewegungen«, in denen dieser meinte, die »gefährlichsten nihilistischen Mächte«[25] seiner Zeit erkennen zu müssen. Aber Heidegger hat sich in nichts von dieser Aversion gegen alle Modernität nach dem Tode des christlichen Gottes unterschieden.

Nichts *eigenes* mehr zu wollen, war für Nietzsche Kennzeichen dieses sich ausbreitenden Nihilismus. Wenn es aber bei Heidegger heißt, dass der Zerstörende aufhören müsse, »sein eigener Zeitgenosse« zu sein, sich die »größte Zerstörung« »gegen den Schaffenden selbst« richte, weil er »am wenigsten sich selbst« gehöre, »sondern dem Werden des Seins«,[26] dann zündet er schlicht Nebelkerzen: Was zerstört werden darf, weil es nihilistischen Verwesungsgeruch ausströmt, entscheidet der ›Philosoph‹. Aber entscheidet er auch nach ethischen Kriterien? Fehlanzeige! Was Heidegger meint, wenn er davon spricht, dass das Sein wieder ins Recht gesetzt werden müsse, bleibt völlig nebulös. Heidegger philosophiert, ohne den Grundimpuls des Denkens eines Kant aufzunehmen, und dieser Impuls ist ein an der Würde eines jeden Individuums interessierter. Wenn Heidegger im Jahr 1941 schreibt, dass die »Frage nach der Rolle des *Weltjudentums* [...] keine rassische [sci, M.S.], sondern die metaphysische Frage nach der Art von Menschentümlichkeit, die schlechthin ungebunden die Entwurzelung alles Seienden aus dem Sein als weltgeschichtliche ›Aufgabe‹ übernehmen kann«,[27] so ist dies ungeheuerlich. Während das Massenmorden einsetzt, weist Heidegger dem Weltjudentum als dem »rechnenden Volk«[28] in seiner Fabel von der Seinsgeschichte die Rolle zu, Inbegriff eines rational-technischen Zugriffs auf das Sein zu sein, das heißt: Verfall. Daraus kann man doch nur folgern, dass die Ermordung Unzähliger in den Vernichtungslagern mit industriellen Mitteln von diesem Volk selbst provoziert wurde. Dies schreibt Heidegger nicht, ist aber seine eigene Logik vom Verrat am Seinsgeschick und damit am Sein selbst und der Selbstermächtigung des Daseins konsequent zu Ende gedacht. Auschwitz ist aber kein seinsgeschichtliches Ereignis, sondern Inbegriff des Bösen. Es wurden Juden ob gläubig oder nicht, Kinder, Frauen und Männer, Sinti und Roma, Homosexuelle und andere ermordet. Hier ist auch kein Gott, der diesen Namen

verdient, gestorben, sondern es waren Menschen. Deshalb ist die »Frage nach dem Wesen des Menschen«[29] auch unerbittlich als Frage nach den konkreten Menschen, nach den Individuen – und damit zumal als Frage nach den Menschen, denen Unsägliches zugefügt wurde, zu stellen. Jedes andere Denken ist Verdunkelung dessen, was es im Modus des Eingedenkens zu denken gilt. Es ist Verrat an einem Humanismus, der sich in der Menschheitsgeschichte als Idee ausgearbeitet hat und der deutliche Wurzeln im kollektiven Gedächtnis Israels hat, das heißt im Glauben an das Erwähltsein durch den Gott, der sich selbst als heilig bezeichnet und die Treue des Volkes zu ihm dadurch erwiesen sehen will, dass es das menschliche Leben heiligt. Heideggers Rede von einer »Offenheit für das Geheimnis«[30] mochte theologisch im letzten Jahrhundert verführerisch gewesen sein; mit dem Glauben Israels hat das in diesem Geheimnis beschworene Geheimnis des Seins nichts zu tun.

Meines Erachtens kann man nicht umhin festzustellen, dass Heidegger sich aus dem Horizont biblischen Denkens verabschiedet hat. Dass die Moderne von Dialektiken und Gewalt, von einer Logik der Machbarkeit und sich verselbständigender Kapitalmärkte bestimmt wird, stimmt, aber: Es braucht nicht Heidegger, um dies zu wissen. Heidegger ist insofern selbst ein Irrweg in der Verarbeitung von Modernität, als er das verdächtigt, was deren zentrale Errungenschaft ist – das Recht eines jeden auf individuelle Selbstbestimmung. Nur erschrecken kann, dass Heidegger noch nach 1945 unterschiedslos über den Tod redet. Das Grauen in den Lagern von Auschwitz irritiert ihn nicht. Nicht während des Krieges und auch nicht nach dessen Ende. Die posthum publizierten »Schwarzen Hefte«, die Heidegger aber ausdrücklich publiziert wissen wollte, lassen kein anderes Urteil zu. Adorno hat Heideggers Todesanalysen scharf kritisiert, und ich füge hinzu: Eine Philosophie, die das Grauen von Auschwitz nicht bedenkt, die dieses Nicht-Verstehbare, in das kein Sinn mehr hineingepresst werden kann, nicht in ihren ›Logos‹ integriert, hat sich moralisch diskreditiert. Lieber verzweifeln, wie so viele es getan haben, wenn kein Gott mehr geglaubt werden kann, der zu retten vermag, als sich unterschiedslos in ein Eigentlichkeits- und damit einhergehend Seinsgeraune zu verlieren.

Von Erlösung reden, nicht vom Sein

Adorno, der den Terror im Exil überlebte, konnte Heidegger deshalb nur scharf kritisieren. Adorno rekurriert nicht auf die Vorstellungswelt eines göttlichen Willens, die schon deshalb verschlossen ist, weil die Existenz eines Gottes, der einen Willen hat, nicht mehr klar ist. Und unabhängig davon darf auch keine Fremdbestimmung im Willen sein, soll Moralität möglich sein. Moralität geschieht ausschließlich um ihrer selbst willen. Daran hat Adorno eisern festgehalten, und deshalb ist er Kantianer. Im Ergebnis aber blieb er biblischem Denken verpflichtet, auch wenn die Erschütterung des Gottglaubens sein gesamtes Werk durchzieht: Es gibt das Recht des Individuums auf Unverrechenbarkeit, ihm kommt eine unbedingte Würde zu. Und deshalb darf auch kein allgemeiner Begriff des Todes das Denken leiten, der das Individuelle nivelliert. Grundsätzlich, so Adorno, sei die Frage, »ob es jene Art der epischen Ganzheit des Lebens, also das Biblische, daß Abraham alt und lebenssatt gestorben sei, ob [...] dieses Wunschbild eines in der Zeit sich erstreckenden, zu erzählenden Lebens, das dann in seinem eigenen Tod sich rundet« »nicht selber immer nur etwas Verklärendes gewesen« sei.[31] Ob die biblischen Autoren den Tod so haben verklären wollen, sei dahingestellt. Seine menschenverachtende, am Ende ideologische Seite hat ein verklärendes Todesgerede endgültig nach Auschwitz offenbar gemacht; wenn es dazu eines Ereignisses ›bedurft‹ hat, dann dieses auf keinen Begriff mehr zu bringenden Grauens. Jede Eigentlichkeitsrhetorik ist seither diskreditiert. Entweder es geht um den konkreten Tod und damit immer auch um die Gewalt, die Menschen angetan wird, oder aber das Reden über den Tod wird zynisch.

Theologisch aber bedeutet dies, dass es zwar nicht ohne verallgemeinernde Begriffe geht. Immer, wenn Menschen mit Gründen kommunizieren, verwenden sie zwangsläufig Begriffe, die dann, wenn es um das konkret Menschliche und das tatsächlich Erlebte geht, hinter diesem zurückbleiben. Theologisch von Erlösung zu reden, geschieht ebenfalls notwendig in Allgemeinbegriffen, aber: In diesen ist mitzudenken, dass es um die Erlösung der je einzelnen geht. Und deren Biografien verlaufen höchst unterschiedlich. In biblisch-theologischer Perspektive ist Tod nicht gleich Tod, oder aber sie wäre nicht akzeptabel, und so darf auch die Rede von der Eigentlichkeit nicht geführt werden ohne die konkreten Individuen im Blick zu behalten, und das heißt: zumal die Menschen, die zu den Opfern unfasslicher Gewalt wurden.

Denn die Rede von der Auferweckung Jesu bezieht sich auf einen Menschen, der selbst qualvoll zu Tode gefoltert wurde. War Jesu Menschenzuwendung von einer unbedingten Güte bestimmt, so knüpft sich an das bestätigende Handeln Gottes am Gekreuzigten die Hoffnung, dass jeder Mensch zu einem neuen Leben auferweckt wird. Aber das heißt nicht, dass das, was erhofft wird, als unterschiedslos eintretendes Geschehen geglaubt wird. Die Theologie hat hierfür den Begriff des Gerichts geprägt.

Haben diese Überlegungen etwas mit dem Kind in der Krippe zu tun? Entschieden ja, denn der Gott, der hier entgegenkommt, ist der Gott eines unmissverständlichen ethischen Universalismus. Er wird zwar scheitern. In seiner Gottverlassenheit am Kreuz wird Jesus erleben müssen, was es bedeutet, vom Vermissen Gottes versucht zu sein und nur noch hoffen zu können. Die Verzweiflung oder doch zumindest deren Abgrund findet nun in Gott selbst statt, wenn man so will: Gott sühnt, was aufgrund des Schöpfungsaktes möglich war und was zahllose Menschen erleben mussten – den totalen Schmerz. Gott gegen Gott. Oder doch nur ein Mensch gegen den nur vermuteten Gott? Die Gläubigen entscheiden sich für die erste Variante, hoffend – dass da einer ist, der das Kind in der Krippe, das zum Mann geworden schließlich von einem Gott unbedingter Menschenfreundlichkeit erzählte und elendig verreckte, zu neuem Leben erweckte. Wer dies zu glauben vermag, wird sich aber mit denen solidarisieren, die dies nicht zu glauben vermögen, aber am Menschen festhalten und unter dessen Verletzlichkeit und dem leiden, was an Qual zugefügt wurde und wird.

Entmachtung der Verfeindungszwänge

Fünfte Meditation

Die Skepsis bleibt, auch bezogen auf die Frage, ob überhaupt so gedacht werden darf, wie dies bisher geschah. Nochmals betone ich, dass es sich bei dem Bisherigen um eine Interpretation der Frage *Cur deus homo?* handelt. Wenn ich bisher sehr entschieden eine Konzentration der Antwort auf Schuld und Sünde zurückgedrängt, den Grund für die Menschwerdung Gottes zunächst als Ausdruck der Treue Gottes zu seiner Schöpfung ausgelegt habe, so darf dies selbstverständlich nicht davon ablenken, dass das menschliche Leben von der Erfahrung erdrückender Schuld gezeichnet ist. Und nicht nur ist es die Erfahrung von Schuld, die erdrückt, sondern auch die der Dynamik von Verfeindungen. Kann es einem Menschen, der sich in einem solchen Gott festmacht, gelingen, den auch an der eigenen Person immer wieder zu beobachtenden Verfeindungszwängen zu entkommen? Und wenn ja, auf welche Weise?

Neigung zum Bösen

Dass es tief im Menschen eine Neigung zum Bösen gibt, ist kaum zu bestreiten. Dieser unheimliche Sog, die beginnenden Konflikte und Verfeindungen eskalieren zu lassen, obwohl man genau weiß, wie zerstörerisch diese Logik sein wird, gehört mit zu dem, was den Menschen am meisten demütigt. Es reichen oftmals schon Kleinigkeiten, und die Dynamik gegenseitiger, schon bald gnadenloser Schuldzuweisung beginnt. Wissend um das, was nun passieren wird, dass schnell ein Wort das nächste geben und eine Vorhaltung die nächste jagen wird, lässt man die Situation dennoch eskalieren, anstatt innezuhalten. Auch wenn der Mensch ansonsten sehr wohl bereit ist, aus Erfahrung zu lernen, setzt diese Willigkeit hier aus. Die Dynamik gegenseitiger Anschuldigung nimmt ihren Gang. Unaufhaltsam entzweien sich Menschen so, und dies kann selbst dann weitergehen, wenn die Erinnerung daran, dass doch alles einmal gut begonnen hatte, noch nicht verblasst ist. Selbst die aufkeimende Traurigkeit darüber vermag die Verhärtungen häufig nicht aufzuhalten.

Wir wollen das Gute und tun das Böse. Der Menschenkenner Paulus hat diese urmenschliche Erfahrung treffend beschrieben (vgl. Röm 7,19), und es sind ihm in dieser Beschreibung viele gefolgt: Immanuel Kant, Sören Kierkegaard, Paul Ricœur, um nur einige Namen zu nennen. Wir wollen das Gute, vermögen uns aber in unserer Freiheit nicht auf das hinzulenken, was wir für richtig und deshalb für gut halten. Der Wille fügt sich nicht. Als wäre der Mensch nicht »Herr im eigenen Haus« (Sigmund Freud), tun Menschen genau das, was ihre Beziehungen und ihr ohnehin fragiles Glück, ja am Ende sie selbst zerstört.

Von diesem Bösen zu unterscheiden sind andere Phänomene,

in denen sich nochmals eine ganz andere Abgründigkeit dessen zeigt, wozu Menschen in der Lage sind. Gemeint sind Eskalationen von Freiheit, in deren Folge Menschen schwerste physische und auch psychische Gewalt angetan wird. Nichts ist sensiblen Menschen unvorstellbarer, als dass Menschen andere Menschen misshandeln, demütigen und foltern. Und doch geschieht es, immer wieder, und es geschieht teils mit einer unfasslichen Grausamkeit.

Die Gründe für diesen Hang zum Bösen im Menschen sind nur schwer zu ermitteln. Solange vom moralisch Bösen gesprochen wird, dürfen keine Gründe benannt werden, die außerhalb des Menschen liegen. Aber das ist alles andere als leicht. Hervorgegangen aus der einen Evolution allen organischen Lebens, ist auch der Mensch zumindest zunächst deren Gesetzen unterworfen. Er ist auf Selbsterhalt aus. Und dass er dies ist, verantwortet nicht er. So wie er auch nicht verantwortet, dass er ein triebgesteuertes Wesen mit Begierden ist. Gott als den Schöpfer der Welt zu glauben, bedeutet deshalb, ihn als den zu glauben, der den Menschen *so* zu sich selbst ermöglicht hat. Auch das Kind in der Krippe ist eingebunden in dieses evolutive Geschehen, Jesus ganz Kind – und später ganz Mann. Hat er womöglich auch Böses getan? Muss Jesus nicht zumindest versucht gewesen sein? Ich komme darauf zurück.

Verloren ins Dunkle der Freiheit, der Ursprung des Bösen

Das Böse, von dem hier gehandelt wird, ist jedenfalls nicht mehr der reine Naturtrieb, Mitgift der Evolution. Das Naturgeschehen kennt keine Differenz von Gut und Böse, diese kommt erst in dem Moment auf, da sich seiner selbst bewusstes Leben begann, der Natur ein Gepräge zu geben, das Kultur genannt wird. Die erwachende Freiheit bringt, indem sie das, was zunächst nur *ist*, in Kultur umprägt und gestaltet, etwas grundsätzlich Neues ins Weltgeschehen. Aber mit dem Beginn dieses Umprägungsprozesses kommt es auch zu einer Gewalt, die anders ist als das, was zuvor an Vernichtungsgeschehen in der Welt war. Gewalt ist das, was nicht sein muss – weil sie in Freiheit gründet. Existiert der freie Gott, so kann er nicht einfach freigesprochen werden davon, dass es das Böse in allen seinen Spielarten bis hin zu maßloser Gewalt gibt. Denn als Wissender um alle Möglichkeit konnte er erahnen, was passieren könnte. Wenn ich betone, dass Gott nur um die möglichen Möglichkeiten wissen kann, so ist dies dem Grundansatz dieser Meditationen geschuldet. Ist der Mensch tatsächlich frei, das heißt in der Lage, selbstbestimmt nicht notwendige Akte zu setzen, so kann auch ein Gott nur ahnen – nicht aber im strengen Sinn wissen, wie der Mensch sich bestimmen und was er tun wird. So bleibt denkbar, dass das Böse freiheitsursprünglich ist. Was dieses aber ist, steht freilich nicht einfach fest. Offensichtlich wird das von einem Menschen als böse identifiziert, worin er einen Widerspruch zu dem erkennt, was sich als Gewissensruf äußert. Wie frei der Mensch tatsächlich darin ist, seinen Willen zu bestimmen, kann dahingestellt bleiben. Die Freiheitsräume dürften deutlich enger sein, als man über lange Zeit annahm.

Grund zur Hoffnung

Und so paradox dies klingen mag: Ist der Mensch in seiner Freiheit Grund des Bösen, so bleibt wenigstens Hoffnung. Denn dann zeichnet Gott zumindest nicht unmittelbar für das Böse verantwortlich. Geglaubt als der Schöpfergott, verantwortet er zwar das Faktum, dass der Mensch in seiner ihm von Gott ermöglichten Freiheit sich selbst verfehlen und das Böse tun *kann*. Ob der Mensch aber das Böse tut oder nicht, obliegt ihm allein. Nicht Gott, sondern der Mensch wird schuldig.

Wie stark diese feine, aber unerlässliche Unterscheidung die beruhigt, die unter der Bosheit von Menschen gelitten haben und leiden, sei in diesem Gedankengang dahingestellt. Wer unter der Bosheit und Brutalität anderer leidet und noch mit Gott hadert, wird auch mit dieser Unterscheidung hadern. Es verlangt viel, in diesen konkreten Situationen in der eigenen Existenz noch die Überzeugung durchzuhalten, dass besser das Böse geschieht, als dass es die menschliche Freiheit nicht gäbe. Aus einem Grund aber ist diese Unterscheidung unerlässlich. Solange Gott das Böse ›nur‹ – ein schweres Wort in diesem Zusammenhang – zulässt, kann er noch als versöhnende Macht ins Spiel kommen. Allerdings fragt sich natürlich, ob der weihnachtlich sehnsüchtige Blick auf ein hilfloses Kind in der Krippe wirklich einen solchen Gott ins Spiel bringt, der das Heillose versöhnt und die verfeindeten Strukturen und gnadenlosen Zwänge durchbricht. Gar zu grotesk mutet die Vorstellung an, dass ausgerechnet ein Gott, der sich den Begrenztheiten und Unzulänglichkeiten eines Menschen, der Schwachheit eines Kindes aussetzt, die Logik der Verfeindungszwänge durchbrechen können soll. Wie soll dies geschehen?

Verfeindung und Angst

Zunächst einmal ist so klar nicht, ob der Mensch von Natur aus nur auf das Eigene bedacht ist. Zwar gibt es ›natürliche‹ Bedürfnisse. Menschen müssen essen und trinken. Und niemand, der immer satt war, wird für sich und sein Verhalten garantieren können, wenn es ihm an diesem Elementarsten fehlt. Aber diese natürlichen Bedürfnisse erklären die Selbstsucht des Menschen, sein seltsames Verlorensein an die Dinge und sein allzu oft völlig übersteigertes Geltungsbedürfnis nicht wirklich. Eigentümlich am Menschen ist ja, dass er sich gerade dann, wenn er merkt, dass er das, was ihm negativ erscheint, eigentlich bleiben lassen sollte oder dass er unglücklich wird, wenn er sich bestimmte Verhaltensweisen zu eigen macht, wie in einem Sog genauso verhält, wie er es eigentlich nicht tun wollte.

Er weiß darum, was er eigentlich tun sollte, was ihm gemäß wäre. Ansonsten gäbe es dieses Zurückschrecken vor dem eigenen Tun, von dem man ahnt, dass es falsch ist, nicht. Vielleicht ist es wirklich die Angst, von der Sören Kierkegaard gesprochen hat, die den Menschen überfällt, wenn er in die Möglichkeiten der eigenen Freiheit schaut.[32] Anstatt in diesen Möglichkeiten das zu tun, was getan sein will, anstatt die eigene Existenz verbindlich zu wählen und in ihren Möglichkeiten zu leben, klammert sich der Mensch an das Eigene. Dies kann vielfältige Formen annehmen. Von purer Besessenheit, die eigene Macht immer weiter auszudehnen, bis hin zur sinnlosen Anhäufung von Reichtümern; vom Missbrauch anderer Menschen zugunsten möglichst großen eigenen Lustgewinns bis hin zum zerstörerischen Klammern an einen anderen Menschen, um nicht der inneren Einsamkeit ausgesetzt zu sein; von der Unterwerfung anderer Menschen bis dahin, sie zu quälen. Viele Phänomene lassen sich so ausdeuten: dass ihnen die heimliche Angst der Freiheit vor sich selbst und ihren Möglichkeiten zugrunde liegt, die gerade deshalb gnadenlos gelebt werden. Ist diese Logik aber einmal im Gang, so ist der Kreislauf kaum noch zu durchbrechen. Und selbst wenn dies durchschaut ist, wenn erahnt wird, dass es die Angst vor sich selbst ist, die den Menschen dazu verleitet, diesem Kreislauf zu folgen, schreitet die Logik unaufhaltsam voran. Der Glanz der Freiheit ist zugleich ihr Elend.

Ermutigung durch Anerkennung, Marianisches

Die Glaubensüberzeugung von der Menschwerdung Gottes verbietet es zunächst nur, Jesus seine Menschheit abzusprechen. Ist Jesus wahrhaft Mensch gewesen, so unterlag er in seiner Freiheit uns gleich der Versuchung, der gerade andeutend beschriebenen Logik der Eigeninteressen und Selbstbehauptung zu folgen und der Angst zu verfallen. Warum aber konnte er seine natürlichen Bedürfnisse zurückstellen? Warum konnte er der Versuchung nach Macht um der Macht willen widerstehen? Und warum erlag er in seiner Freiheit nicht der Angst? Soweit aus den neutestamentlichen Überlieferungen ersichtlich ist, hat Jesus den abgründigen Verlockungen der Freiheit widerstanden. Zwar ist der Friede von Weihnachten noch ahnungslos – bezogen auf das, was kommen wird. Aber wir Nachgeborenen wissen, wie dieses menschliche Leben enden wird: Dass es selbst in die Dynamik von Konflikt und Gewalt hineingerät und daran zerbricht. Jesus wird zum Opfer römischer Besatzungspolitik.

Indessen ist der eigentliche Auslöser, der zur Hinrichtung Jesu führt, in einem religiösen Konflikt begründet. Er liegt in Jesu

Anspruch, aus eigener Vollmacht heraus den Willen Gottes auszulegen und in seinem Namen zu handeln – und: ihn entschieden als zuvorkommende Güte auslegen zu dürfen. Dies war ein Anspruch, der ihn in den Augen frommer Juden zum Gotteslästerer machen musste. Gerade aus diesem Anspruch heraus ist Jesus bis heute Vorbild, wie der Spirale von Gewalt und Gegengewalt, von Egoismus und Lieblosigkeit zu entkommen ist. Die biblischen Jesuserzählungen kennen zwar auch die Härte des Urteils, wenn es darum geht, Gut von Böse, Gerechtigkeit von Ungerechtigkeit zu unterscheiden. Vor allem wissen sie auch darum, wie leicht Menschen sich dazu verführen lassen, den Splitter im Auge des anderen zu sehen und den Balken im eigenen zu übersehen. Es sind realistische Texte, die uns da begegnen. In ihrem ganzen menschlichen Realismus lassen sie sich aber auch nicht in ihrer Wertschätzung des Menschen beirren. Vor allem weisen sie einen Weg, wie der Mensch der Falle, das eigene Selbst in den Mittelpunkt zu stellen und der Logik der Gewalt zu verfallen, entkommen kann.

Das Kind wird erwachsen werden, auch Jesus sieht sich schließlich der Verführung durch die Angst ausgesetzt, die sich im Erwachen der Freiheit einstellt. Anstatt aber der verzweifelten Sorge um das Eigene, den Mächten der Welt zu verfallen und sich am Ende maßlos selbst zu behaupten, kann er sich zurücknehmen – und gerade dadurch in die faktischen Verhältnisse hineinwirken. Hier tritt allerdings kein friedfertig Gelassener auf, dem am Ende alles relativ ist und der deshalb das Eigene zurückstellt. Sondern einer, der in der Sache zwar entschieden ist, aber ohne den Menschen als Person zu verurteilen oder gar zu erniedrigen. Und gerade so wird der Kreislauf von Gewalt und Verfeindungszwang, auch der von Gleichgültigkeit durchbrochen. Menschen können Schuld als Schuld anerkennen, wenn sie dafür nicht verurteilt oder gar erniedrigt werden; sie können ihrer Angst Herr werden, wenn sie wissen, ihr erliegen zu dürfen; sie können achtsam, menschlich gegenüber anderen sein, wenn sie selbst diese Achtsamkeit und Wärme erfahren haben; sie können in einer menschlichen Weise frei sein, wenn sie dazu ermutigt werden. Es gibt nichts Fataleres für Menschen, als wenn sie auf das festgelegt werden, was sie sind. Die Zukunft ist dann versperrt, und dies kann im Normalfall nur zu weiteren Verhärtungen, im Extremfall zu Gewalt führen. So zu beschreiben, soll nicht darauf hinaus laufen, Menschen von ihrer eigenen Verantwortung frei zu sprechen. Gedankenlosigkeit, Gleichgültigkeit sind die vielleicht noch normaleren, gerade deshalb aber auch noch schlimmeren Ursachen dafür, dass es dazu kommt, dass Menschen andere demütigen und ihnen Gewalt antun. Aber häufig dürften die Verhältnisse auch komplexer zu beschreiben sein.

Die aufgeworfene Frage, warum Jesus so agieren konnte, wie er nach dem Zeugnis der Evangelien agierte, macht nachdenklich. Sie ist deshalb so schwierig, weil Jesus Mensch war, er in seiner Freiheit den Bedingungen unseres Daseins und damit *unserer* Freiheit unterlag; er wurde Mensch unter den Bedingungen seines familiären Umfeldes, er war den kulturellen Sozialisationsprozessen unterworfen, die im damaligen Palästina herrschten. Warum gewannen dann die Lebenssorge seiner Zeit, die damals herrschenden Diskurse von Normalität über ihn nicht die Oberhand? Warum unterlag er nicht der Faszination der Macht? Und warum war er nicht von der Entzweiungslogik bestimmt, wenn Situationen und Beziehungen für ihn schwierig wurden?

Was wir wissen, ist wenig. Vor allem aber ist all das, was gemutmaßt wird, durch die Glaubensbrille gesehen. Ich riskiere eine bestimmte Glaubensperspektive. Jesus scheint aus einem Grundvertrauen heraus existiert zu haben, das ihn unerschütterlich nicht nur an das Gute im Menschen glauben ließ, sondern das ihn vor allem davor bewahrte, in die nur allzu menschliche Logik von Selbstsorge, Egoismus und Gewalt einzustimmen. Die biblischen Erzählungen rekonstruieren dieses Grundvertrauen als Einssein mit dem Vater. Was das für das Geheimnis der Person Jesu, seine ›Sohnschaft‹, im Einzelnen bedeutet, muss hier nicht verfolgt werden. Berichtet wird, wie er sein Leben aus dem Bewusstsein eines Gottes gestaltet hat, der ihn mit einer unendlichen Freude erfüllte, ja nicht nur dies: der deshalb, weil er Liebe ist, ausschließlich mit den Möglichkeiten der Liebe die Verhältnisse und Zwänge durchbricht.

Aber selbst wenn man theologisch so argumentiert, ist immer noch die Frage offen, wie er als Mensch dieses Gottesbewusstsein erlernen konnte. Entschieden wurde bisher ja auch darauf bestanden, dass Jesus in seinem Menschsein in allem uns gleich war. Vielleicht hilft folgender Gedanke weiter, der nochmals bei der Überlegung ansetzt, dass Jesus kulturell kontingenten Sozialisationsprozessen unterworfen war. Menschen *sind* schließlich nicht, sondern werden zunächst geprägt, bevor sie sich selbst zu bestimmen beginnen. Und dies gilt selbstverständlich auch für die Zentralfiguren des Weihnachtsgeschehens. Wir haben keinen unmittelbaren Zugang mehr zu diesen Figuren, zu Jesus nicht und auch nicht zu Maria. Das kulturelle Gedächtnis ist aufgefüllt mit Bildern, die diesen Juden aus Nazareth im Kitsch von Projektionen untergehen lassen. Und dies gilt nicht nur für ihn, sondern auch für die junge Frau Maria, die dieses Kind erzog. Ist nicht mehr Nüchternheit verlangt? Existiert der Gott, von dem diese Meditationen ausgehen, so brauchte er ein menschliches Ja zu sich, welches es ihm möglich machte, Mensch zu werden. Gott konnte hier nichts bewirken, weil andernfalls die im *Fiat mihi* vorausgesetzte Freiheit Marias aufgehoben wäre – das *Es soll mir geschehen* nicht mehr in Freiheit gesprochen worden wäre. Theologische Entrümpelung ist auf dem historisch gewachsenen mariologischen Terrain angesagt, und es sollte Ernst damit gemacht werden, dass eine Frau – aufgewachsen im Glauben der Mütter und Väter Israels, ganz auf den Gott vertrauend, der da sein wird – ihren Sohn eben in diesem Glau-

ben aufgezogen hat. Auch Jesus hat eine Bildungsgeschichte durchgemacht, und dies in den Konflikten seines sozialen Umfeldes. Und er hat erlernt, wie zu verhindern ist, dass Konflikte eskalieren: indem man es gut sein lässt, zwar Unrecht benennt, aber diesem nicht mit Gewalt in welcher Form auch immer begegnet. Dem *Fiat mihi* entspricht seine Gottespraxis. Er tut, was ihm möglich ist, und alles Übrige bleibt dem überantwortet, den er vertrauensvoll *abba* nennt und zu dem er einlädt, den er erfahrbar macht in den ihm begegnenden Lebenswirklichkeiten.[33]

Der von Jesus verkündigte Gott ist ein Gott, der ermutigt, und auch Jesus wusste sich von dem, den er als *abba*, seinen Vater, geglaubt hat, unendlich ermutigt. Deshalb konnte er, weil er nicht von der Angst besetzt war, da einschreiten, wo die Logiken von Verfeindungseskalation und Ausgrenzung tobten. Und er griff ausschließlich mit dem Mittel der Selbst-Ermutigung ein. Jesus scheint gewusst zu haben, dass nur, wer sich anerkannt weiß durch einen anderen, nicht mehr verzweifelt alles von sich selbst erwarten muss. Und vor allem kann, wer dieses Ja erfahren hat und deshalb in sich selbst gegründet lebt, zu seinen eigenen Fehlern und Untiefen stehen. Der Splitter im Auge der anderen wird dann nicht mehr zum Ablenkungsobjekt, um den eigenen Balken nicht sehen zu müssen. Keine Erzählung bringt dies schöner zum Ausdruck als die johanneische Erzählung von der Ehebrecherin (Joh 8,3–11).

Immer noch aktuell

Das Wort von der Autonomie ist kirchlich bis heute nicht gerade beliebt; dies gilt jedenfalls für die Lehramtskirche – weite Teile kirchlicher Milieus praktizieren faktisch Autonomie. Jesus selbst hatte selbstverständlich noch kein reflexives Bewusstsein von einer Moralität, in dem sich der Mensch selbst Gesetz ist. In Zeiten, da die selbstverständliche Akzeptanz Gottes weggebrochen ist, und man selbst bei nur geringer empirischer Sensibilität weiß, dass unter dem Begriff ›Gott‹ sehr Unterschiedliches verstanden wird, könnte schon unter funktionalen Gesichtspunkten die Vorstellung entlasten, dass ein moralisches Sollen selbstverständlich auch ohne Gottesbewusstsein möglich ist. Hierfür spricht schon die Alltagserfahrung. Und zudem ist der immer wieder zitierte Satz Dostojewskis, dass in einer Welt ohne Gott alles erlaubt sei, auch sachlich falsch. Ob Gott als Name in der Welt präsent ist oder nicht, spielt in der Frage moralischer Selbstbestimmung schlicht keine Rolle. Zwar wird man sagen können, dass es im Medium des Gottesnamens zu einer moralischen Selbstsensibilisierung des Menschen gekommen ist. Zugleich ist dieser Prozess aber komplexer zu beschreiben, als dies gemeinhin geschieht. Rekonstruiert man biblische Textstufen, so zeigt sich hier eine lange Entwicklung. Bis zur Vereindeutigung des Wesens Gottes hat es eine lange Reflexionsgeschichte gebraucht, was bedeutet: Nicht Gott sensibilisiert den Menschen, sondern der Mensch klärt den Gottesbegriff auf und reflektiert in eins damit seine eigenen moralisch-ethischen

Möglichkeiten. Ob Gott dann dem Menschen den Gefallen tut, seinem moralischen Universum angemessen zu sein, ist eine andere Frage. Wäre er dies nicht, so wäre er nicht akzeptabel. Glaubt man dem Gott, wie er sich auf den biblischen Reflexionslinien entwickelt, so scheint mir dies solange kein Problem zu sein, wie sich die Theodizeefrage offenhalten lässt. Der Gott, der sich hier zeigt, ist moralisch – bis dahin, dass er sich, wie es der christliche Glaube behauptet, selbst in Menschengestalt als

der zeigt, der von einer unbedingten Menschenfreundlichkeit bestimmt ist. Wer dieser Gottesbotschaft traut, wird umkehren, wertschätzend anderen Menschen begegnen und versuchen, die Eskalationsdynamiken aufzubrechen.

Aber können nur gläubige Menschen die Eskalationslogik des Eigensinns und der Gewalt durchbrechen? Nein. Ein jeder Mensch kann dies in den Grenzen seiner Möglichkeiten. Aber vielleicht richtet sich der weihnachtliche Blick ja deshalb sehnsüchtig auf die Krippe, weil es dann doch einen Unterschied macht, ob ein Gott in diese Logik eingreift oder ob dies ›nur‹ ein Mensch tut. Denn nur ein Gott kann bedingungslos und allmächtig lieben. Artikuliert sich die weihnachtliche Sehnsucht auch deshalb, weil das immer wieder notwendig werdende Eingeständnis, doch wieder das Böse getan und das Gute unterlassen zu haben, doch wieder die eigenen Möglichkeiten nicht ausgeschöpft, nicht eingegriffen oder geschwiegen zu haben, zwar demütigt, aber nicht Oberhand über uns gewinnen muss? Denn ein bedingungslos liebender Gott lässt sich auch durch die Kleinherzigkeit des Menschen nicht von seinem Liebeswillen abbringen. Ob dem Skeptiker diese Sehnsucht noch etwas zu sagen vermag? Aber braucht die säkulare Gesellschaft nicht Menschen, die an ihren Grenzen nicht verzweifeln müssen, weil sie sich unendlich ermutigt wissen dürfen?

Eucharistie und Umkehr

Wer sich dem Kind in der Krippe christlich-religiös nähert, weiß, welches Ende dieses Leben gefunden hat. Jesus ist den Verfeindungszwängen dieser Welt nicht verfallen. Lieber hat er sich selbst der Gewalt ausgesetzt. Eucharistie zu feiern und damit der Einladung Jesu zu folgen, dies immer wieder in seinem Gedächtnis zu tun, bedeutet dann zweierlei. Zunächst Amen dazu zu sagen, dass tatsächlich Gott selbst es war, der als der Mensch Jesus die Unbedingtheit seiner Liebe in der Dimension der Geschichte hat offenbar werden lassen – und diese durch die Folter am Kreuz hindurch bewährt hat. Und zum Zweiten nun selbst immer wieder neu zu versuchen, den Verfeindungszwängen dieser Welt nicht zu erliegen – neu zu beginnen. Gelingt dies nicht, so steht Gottes Zusage immer noch.

Eucharistie zu feiern bedeutet, dankbar zu sein, aber: Jesu zu gedenken enthält auch entschieden einen Weltauftrag. Es gibt kein Christsein ohne Hinwendung zur Welt, ohne Einmischung. Was das konkret heißt, wie Situationen von hoher Ambivalenz zu entscheiden sind, bleibt der Autonomie des Menschen überlassen; es gibt nur allzu oft keine Eindeutigkeit. Theologisch so zu denken, wie dies in der Logik dieser Meditationen geschieht, verheißt nur eine andere Eindeutigkeit, nämlich die Gottes selbst: Dass er noch Möglichkeiten hat, das endgültig zu verwandeln, was Menschen begonnen haben. Und zwar mit den Mitteln seiner Liebe, die im Geschehen der Eucharistie vergegenwärtigt werden.

Schönheit und Bitternis der Sünde

Sechste Meditation

Kaum ein theologisches Wort ist so missbraucht und missverstanden worden wie das von der Sünde. Es muss überhaupt nicht verwundern, dass die Werbung inzwischen genüsslich mit diesem Wort spielt. Die allermeisten Menschen assoziieren überaus reizvolle Verbote mit ihm. Der Erfolg einer werbestrategisch gut vorgetragenen ›Sünden‹kampagne ist gewiss. Zugleich signalisiert der Einsatz des Sündenvokabulars in der Werbung, dass sich viele Menschen längst aus seinem religiösen Gebrauch verabschiedet haben. Was man nicht versteht, kann neu mit Bedeutung aufgeladen werden.

Schuld ja, aber

Nun kann es bei einer realistischen Sicht auf den Menschen überhaupt nicht darum gehen, den Hang zum Bösen zu leugnen. Doch nicht das zu tun, was als richtig und damit als gut eingesehen ist, gehört zur Alltagserfahrung. Und häufig zeigt sich dies gar nicht so sehr im Tun, sondern vor allem im Unterlassen.

Wie viel Gutes, das so leicht getan werden könnte, wird aus Bequemlichkeit oder auch aus Kleinherzigkeit dann doch nicht getan. Aber selbst wenn Menschen sich dieses unumwunden eingestehen, so wächst das Unbehagen an dem Wort ›Sünde‹ immer mehr. Das Wort wird zwar selbstverständlich benutzt. Kommt aber Gott ins Spiel, so verliert es seine Selbstverständlichkeit. Dies dürfte zumal bei Menschen der Fall sein, die zwar noch religiös interessiert sind, die noch groß geworden sind in traditionell eingeübtem Glaubensvokabular und vielleicht sogar einer entsprechenden Praxis, sich dann aber aus der institutionell-kirchlichen Bindung gelöst haben. Zum einen dürfte hierfür die Dominanz der Sündenrhetorik verantwortlich sein. Das Leben lässt sich nicht auf Schuld und auf Schuld vor Gott, sprich auf Sünde, reduzieren; dazu ist es zu ambivalent und zu komplex. Zum anderen aber steht die unaufgeklärte, vom Theoriekonzept her letztlich inakzeptable Rede von einer Erbsünde als Ballast im Raum. Seine überaus kritische Studie zur Neuzeit lässt Peter Sloterdijk mit einer Erinnerung an Augustinus und die Folgen beginnen. Und sein Fazit lautet, dass mit sich intensivierendem Nachdenken »die Idee der Erbsünde zunächst der Lächerlichkeit, dann der Gleichgültigkeit verfallen«[34] sei. Dabei geht es nicht darum, die Einsicht preiszugeben, dass es Verblendungszusammenhänge gibt. Wer etwa aus deutscher Perspektive bestreitet, dass es diese gibt, muss blind sein für die Geschichte. Und es geht auch nicht darum zu bestreiten, dass es Schuldzusammenhänge gibt, denen Menschen nicht entweichen können. Der rasende Kapitalismus lässt nicht die Möglichkeit, in Wohlstandsländern nicht mitschuldig zu werden an der Ausbeutung unzähliger Menschen. Wer sich gegen Altersarmut absichert, weiß nicht, wie sein Geld für ihn arbeitet. Aber sind individuelle Schuld und Schuldverstrickung auch bereits Sünde?

Auch in der Vorbereitung auf Weihnachten dürfte das Thema Sünde bei den allermeisten Menschen kaum noch eine Bedeutung haben. Man kann das als nachlässig kritisieren. Aber ein gewichtigerer Grund als die Nachlässigkeit dürfte sein, dass vielen Menschen nicht mehr so recht wohl ist beim Thema Sünde (und entsprechend auch beim Thema Umkehr), weil sich die Bedeutung dieses Wortes nicht mehr erschließt. Kommen dann noch ungute Beichterfahrungen hinzu, erinnert man sich womöglich an die berüchtigte Erstbeichte, in der krampfhaft irgendetwas erzählt wurde, um aus dem Beichtgespräch wieder herauszukommen, so hat die Sünde kein so leichtes Spiel mehr. Das Sündenbewusstsein scheint gesellschaftlich betrachtet ausgedient zu haben, weil nicht mehr verstanden wird, was denn Sünde eigentlich sein soll. Die weitgehende Konzentration auf den intimen Bereich der Sexualität hat ihr Übriges getan. Als die Kirchen ihren Einflussbereich auf die meisten gesellschaftlichen Systeme verloren hatten, sie – zumindest dann, wenn sie mit einem Wissen von einem andern Stern auftraten (und teils immer noch auftreten) – schlicht und einfach bedeutungslos wurden, versuchten sie die Herrschaft über den Menschen mittels der Herrschaft über die Schlafzimmer zu wahren. Da man sich aber in der Sündenrhetorik sehr auf dieses Feld konzentriert hatte, wurde, als Menschen das erlernten, was sexuelle Selbstbestimmung und reproduktive Autonomie genannt wird, auch die Herrschaft über den Sündendiskurs verloren. Schuldig fühlen Menschen sich immer noch, dies gilt auch für den Partnerschaftsbereich – auch wenn hier die Verhältnisse deutlich differenzierter zu beurteilen sind, als dies ein durch und durch pelagianisches, werkgerechtes Verständnis von der Sakramentalität der Ehe in der römischen Lehramtsdoktrin oder auch in einem biblizistischen Eheverständnis zu akzeptieren bereit ist.

Nochmals: Schuldbewusstsein gibt es. Zu behaupten, in modernisierten Lebensformen würde Schuld verdrängt werden, geht an der Erfahrung vorbei. Schuldverdrängung hat es zu allen Zeiten gegeben, so auch heute – und ebenso hat es zu allen Zeiten das Bewusstsein des Schuldiggewordenseins gegeben. Nur steht nicht einfach fest, *worin* dieses besteht. Ist aber Schuld immer auch bereits Sünde? Unter welchen Bedingungen kann überhaupt die Schuld zur Sünde werden?

Sünde – nicht einfach nur Schuld

Soll Sünde nicht einfach identisch sein mit der Schuld, die Menschen im Umgang mit anderen auf sich laden, so bezeichnet sie eine Schuld, die die Beziehung des Menschen zu Gott betrifft. Es gibt hier zwar Überlappungen – das biblische Doppelgebot von Gottes- und Nächstenliebe bringt dies präzise zum Ausdruck –, aber es muss doch auch unterschieden werden. Bezeichnet Sünde die schuldhafte Störung der Gottesbeziehung, so fragt sich, unter welchen Voraussetzungen der Mensch Gott gegenüber überhaupt in einem strengen Sinn sündig werden kann. Ich muss dann zumindest anfänglich wissen, wer Gott für mich sein will, damit ich mich weigern kann, Gott so für mich Wirklichkeit werden zu lassen, wie er Wirklichkeit für mich sein will. Dies hieße doch, dass zunächst einmal der Glaube zu erlernen ist, um die Möglichkeit der Sünde zu haben.
Um sündigen zu können, braucht es also zunächst eine qualifizierte Gottesbeziehung. Qualifiziert zu glauben bedeutet, das Bewusstsein von einem Gott zu haben, der – ich formuliere alltagssprachlich – es gut mit mir meint, sprich: der mir mit seinem Ja zu mir entgegenkommt, und der dieses auch noch

aufrechterhält angesichts meiner eigenen Schuldgeschichte. Insofern braucht es nicht unbedingt ein christlich bestimmtes Gottesbewusstsein, um sündigen zu können; aber es braucht ein in diesem Sinn qualifiziertes Gottesbewusstein. Was »die Schuld eigentlich zu[r] Sünde« mache, sei, »daß der Schuldige das Bewußtsein gehabt« habe, »da zu sein für Gott«[35] – und zwar für den Gott, der immer noch unendliche Möglichkeiten hat, Möglichkeiten, die in seiner Liebe begründet sind. Dies
90 nicht zu glauben, muss dann nicht dazu führen, dass sich Gott enttäuscht vom Menschen abwenden könnte (vgl. Hosea 9-11). Aber: Es verletzt ihn. Die Sünde ist dann, wenn sie den Glauben voraussetzt: Enttäuschung Gottes. Hatte Gott gerade noch gehofft, dass der Mensch ihm vertraut, sieht er ihn dann doch wieder vom Zweifel befallen, und dies äußert sich in ängstlich um die eigenen Interessen kreisender Kleinherzigkeit. Christlich modifiziert sich diese Möglichkeit des Sündigens lediglich in einem Punkt. Christlich zu glauben heißt, den Gott Israels, das heißt den *Ich bin der, der ich für Euch da sein werde* als den zu glauben, der in Jesus von Nazareth selbst da *war* – als ein Mensch in allem uns gleich, um die unbedingte Menschengüte Gottes erfahrbar zu machen und in eins damit ein Versprechen auf die Treue Gottes zu geben, so dass gehofft werden kann, dass vollendet und versöhnt werden wird, was jetzt notwendig fragmentarisch bleiben muss oder gar in seinem Elend zum Himmel schreit. Biblisch wird die Sünde ausgerechnet in Petrus figuriert. Petrus glaubt, und findet sich dann überwältigt von der Angst im Verrat wieder. Und er »weinte bitterlich« (Mt 26,75).

Jetzt könnte man mit einem natürlichen, angeborenen Wissen des Menschen rechnen, welches darum weiß, dass Gott ist und wie er für den Menschen sein will. Zumindest die ›ersten Menschen‹ hätten sich dann aber bewusst geweigert, Gott so Gott für sich werden zu lassen, wie Gott dies gewollt hat. Dies würde aber eindeutig in Widerspruch stehen zu den bisherigen Überlegungen dieser Meditationen, denen die Überzeugung zugrunde liegt, dass es einen paradiesischen Anfangszustand nie gegeben hat. Gott hat sein Gottsein, wer er für den Menschen sein will, erst in der Geschichte, in Geburt und Leben Jesu endgültig offenbar gemacht. Lässt man die erstaunliche Tatsache beiseite, dass Israel auch ohne Bezug auf ein solches Lebenszeugnis das Bekenntnis zur Barmherzigkeit Gottes in das Zentrum seines Glaubens rücken konnte, so wird man sagen dürfen: Erst seitdem Gott in einer menschlichen Gestalt gesagt hat, was für ein Gott er für den Menschen sein will, kann der Mensch darum wissen, dass Gott diese unverbrüchliche Liebe ist. Dies war ja als das unausdenkbare Geheimnis des Weihnachtsfestes herausgestellt worden, dass Gott das Menschsein mit uns teilt und in eins damit sich endgültig als der offenbart, der er für den Menschen von Anbeginn der Schöpfung sein wollte.

Das heißt im Umkehrschluss nicht, dass Menschen nicht auch zuvor und außerhalb der Christentumsgeschichte um diesen Gott anfänglich wissen konnten und können. Zumal ja dann, wenn Gott der Gott aller Menschen sein will, selbstverständlich damit zu rechnen ist, dass er zu allen Zeiten und in allen Kulturen als der Gott Wirklichkeit für den Menschen werden möchte, der er für den Menschen sein will. Bindet er sich aber in seinem Zum-Erscheinen-Kommen an eine Entdeckungsgeschichte durch den Menschen mit ihren vielen Unwägbarkeiten, so kann ihm dies nur in sehr begrenzter Weise gelingen. Das alttestamentliche Volk Israel findet zu diesem Gott, der nicht kleinmütig oder gar boshaft wie ein Mensch, sondern der wahrhaft göttlich in der Vollkommenheit seiner Güte und Barmherzigkeit und seiner Freude am Menschen ist. Ist dieses die entscheidende Gottesdefinition, so wird die Sünde im Glauben Israels endgültig möglich. Sünde ist dann nichts anderes, als diesem Gott doch wieder nicht zu trauen und ängstlich aus den eigenen Möglichkeiten heraus leben zu wollen. Und erst recht wird denen die Sünde möglich, die daran glauben können, dass der Gott, der diese Vollkommenheit ist, als Mensch unter Menschen existiert hat, um endgültig sein Wesen offenbar werden zu lassen und um damit den Streit um seine rechte Interpretation zu entscheiden.

Die merkwürdige Frage freilich, die sich jetzt stellt, lautet, ob es denn außerhalb dieses in der Geschichte aufgebrochenen Bewusstseins um den wahren Gott überhaupt möglich sei zu sündigen. Seltsam ungewohnt und deshalb merkwürdig ist diese Frage, weil sie neu in die Entscheidung ruft, weil nicht mehr so klar ist, wie viele Menschen überhaupt sündigen können. Denn um in dieser Logik sündigen zu können, bedarf es bereits eines sehr bewussten und ausbuchstabierten Glaubens an Gott. Es ist das bestimmte Bewusstsein um diesen Gott, der vollkommene Liebe ist und dem Menschen in seiner unbegrenzten Liebe begegnet, das da sein muss, um sündigen zu können, Gott nun wiederum enttäuschen zu können mit Kleinmütigkeit und Gnadenlosigkeit. Anders formuliert: Man muss zumindest anfänglich glauben, um sündigen zu können.

In einer solchen Perspektive ist die Möglichkeit des Sündigenkönnens eine Auszeichnung, die in die Demut zwingt. Denn in Freiheit glauben zu können, wirft die bedrückende Frage auf, warum es unzähligen anderen Menschen nicht möglich ist. Unzählige Menschen, die erst gar nicht mit diesem Gott in Berührung kamen und kommen; unzählige Menschen, denen die lebensverwandelnde Kraft dieses Glaubens verschlossen bleibt; unzählige Menschen, die wohl glauben möchten, die es aber nicht oder nicht mehr können. Natürlich kann die Last des Nichtglaubens nicht einseitig auf Gott verlagert werden. Aber es bleibt doch für Gott selbst die abgründige Frage, warum glauben zu können so vielen Menschen versagt bleibt. Auch dies ist ein Preis, den die Menschen und Gott selbst dafür zahlen, dass Gott nur in freier Anerkennung durch den Menschen und in der Geschichte mit ihren ganzen Kontingenzen und Abgründigkeiten Gott für den Menschen werden wollte. Aus christlicher Perspektive muss man hinzufügen: Dies ist der Preis dafür, dass Gott in keiner anderen als in einer menschlichen Gestalt sein unbedingtes und fortan glaubhaftes Ja, auf das Menschen setzen können, zum Menschen sagen wollte. Weihnachten lässt auch erschaudern.

Wer glaubt, der handelt

Sich die Frage gefallen zu lassen, wer denn nun sündigen könne, ist ungewohnt, aber konsequent. Der Bruch mit einem Sündenverständnis, das Sünde als Verletzung von Geboten beziehungsweise Verboten begreift, ist unübersehbar.

Allerdings würde sich ein solches Sündenverständnis keineswegs aus ethischen Ansprüchen verabschieden, die an den Menschen zu stellen sind. Denn wer wirklich glaubt, dass Gott ein wohlwollender, ja unbedingt entschiedener Gott aller Menschen sein will, der wird sich selbst als menschenfreundlicher und verbindlicher Mensch erweisen, ja er wird sich im Zweifelsfall selbst für den anderen Menschen zerreißen, wenn dessen Würde bedroht ist und ihm die Notwendigkeiten vorenthalten werden, derer dieser zur Entfaltung seines Lebens bedarf. Dies sagt der Satz von der Einheit von Gottes- und Nächstenliebe gerade aus.

Für diejenigen, die glauben, wird es deshalb keineswegs gleichgültig sein, wie sie in ihren konkreten Verhältnissen handeln und ob sie sich dagegen wehren, dass auch nur ein Mensch als Humankapital entwürdigt wird. Der Glaube ruft zur verbindlichen Lebensführung, zu sozialem und politischem Engagement auf. Nur wem die Praxis Jesu zur eigenen Praxis wird, wer sich einmischt, wo Ungerechtigkeit herrscht, und helfend da einsteht, wo Menschen der Hilfe oder auch nur eines ermutigenden Wortes, einer gutmeinenden Geste bedürfen, nur der glaubt.

Der um das Lebensgeschick Jesu wissende Blick auf das Kind in der Krippe weiß, dass der Mensch, der sich von der Freude an der Menschwerdung Gottes anstecken lässt, nun auch gerufen ist, es diesem Menschen Jesus gleich zu tun. Religionsgeschichtlich ist Weihnachten nicht der Geburtsort einer Wohlfühlreligion, die es erlaubt, sich dem eigenen Glück zu widmen. Weihnachten ruft in die Entscheidung, da die Welt nicht heil, sondern vielmehr geschunden ist von menschlicher Ungerechtigkeit und einer Natur, die bedrohlich bleibt. Deshalb kann sich die Weihnachtsstimmung derjenigen, die dieses Fest gläubig feiern, auch nicht auf die Weihnachtstage beschränken.

Erlernen des Staunens

Siebte Meditation

Staunen zu können ist nicht selbstverständlich. Kinder staunen noch ganz unbedarft, tagtäglich aufs Neue. Was Erwachsenen längst selbstverständlich geworden ist, womöglich banal erscheint – die Dinge des Alltags –, gibt Kindern Anlass zum Staunen. Dabei entdecken Kinder im Bestaunen der Dinge nicht nur diese, sondern auch sich selbst. Sie merken auf sich auf, und sie beginnen so, sich als sich selbst wahrzunehmen – als die, die die Dinge der Welt entdecken und mit ihnen umgehen. Damit in dieser Weise Selbstwahrnehmung geschehen kann, müssen die Dinge und Phänomene für die, die sie bestaunen dürfen, ihre Selbstverständlichkeit verloren haben. Wie sonst könnten sie bestaunt werden? Dass dies immer nur relativ, begrenzt geschieht, ist selbstverständlich. Zu staunen und sich selbst wahrzunehmen geschieht in kulturell geprägten Räumen. Was in christentumskulturell geprägten Räumen selbstverständlich ist, ist dies in anderen nicht. Der Zufall der Geburt bestimmt in weiten Teilen die Art und Weise, wie Menschen die Welt und damit sich zu bestaunen und zu verstehen erlernen.

Welterleben und Selbstfraglichkeit

In dieser staunenden Wahrnehmung der Dinge geschieht deshalb weitaus mehr als im nüchternen Kennenlernen von Dingen und Sachverhalten. Kommt der Mensch ins Grübeln darüber, ob die Welt mehr ist als ihre Fakten und Zusammenhänge, ereignet sich das grundlegendste Wunder des Menschseins überhaupt. Bereits in den ersten bewussten Schritten auf die Welt zu verliert sich ihre Selbstverständlichkeit. Der Mensch steht nun in einem gespaltenen Verhältnis zu ihr. Distanz bricht auf, die Welt wird zum Objekt und in eins damit drängen sich dem Menschen unvermeidlich Fragen ins Bewusstsein. Fragt der Mensch schließlich radikal *Warum ist überhaupt etwas und nicht vielmehr nichts?* hat er sich in seinem Fragen ins Grundsätzliche gehoben; zwar geht es immer noch um das Endlich-Konkrete – auch um die Geschichte. Er fragt staunend, in das Staunen mischt sich freilich schnell auch tiefes Unbehagen. Je nachdem, welchen Begriff von der Welt sich der Mensch nun macht, gibt er damit aber auch unausweichlich eine Antwort auf die Frage *Was ist der Mensch?* Und zwar mit seiner eigenen Existenz, mit Haut und Haar, da er sich in dieser Antwort zur staunenswerten Tatsache des eigenen Daseins verhält und sich nun unausweichlich der Frage ausgesetzt sieht, ob der Mensch mit seinen Sehnsüchten, seinen Hoffnungen und in seinen Niederlagen nur eine »nutzlose Passion«[36] ist. Oder ob er zumindest *hoffen* darf, dass seine Leidenschaften schließlich gestillt werden – es ein Glück des Diesseitigen gibt, das verewigt wird.

Größe und Elend des Menschen

Es macht die Größe des Menschen aus, sich Antwort auf die Frage geben zu können, zu der er sich selbst im Prozess dieses Nachdenkens wird. Aber es macht auch seine Not aus, nun Antwort auf diese einmal gestellte Frage geben zu *müssen*. Denn unterstellt man, dass das Bewusstsein von der möglichen Nichtnotwendigkeit der Welt das Fragen des Menschen begleitet, gibt jedes faktisch gelebte Leben auf seine Weise Antwort auf diese Frage. Entscheidet der Mensch sich dazu, die Welt als nicht notwendig zu bestimmen und sie auf einen freien Ursprung, Gott, zurückzuführen, so fällt seine Antwort religiös im Sinn der monotheistischen Religionsvarianten aus. Diese denken – jedenfalls in einem Gutteil ihrer Strömungen – die Welt als Schöpfung, und zwar als freie Schöpfung. Fällt die Antwort anders aus, begreift der Mensch die Welt als unendlich und erübrigt sich damit die Annahme eines freien Schöpfergottes, mag er die Welt immer noch religiös interpretieren. Aber innerhalb eines solchen religiösen Verstehens entfällt jedenfalls die Annahme eines Gottes, der mich (und damit auch alle anderen Menschen in ihrer unvertretbaren ›ich‹-Identität) ansprechen und anerkennen könnte. Man könnte der Ansicht sein, man könne die Frage vernachlässigen, da sie nun einmal theoretisch nicht entscheidbar ist. Aber das wird nicht gehen. Dem Menschen ist eine Antwort abverlangt, wenn er sich den Fragen nicht verweigern will. Spätestens wenn das Bewusstsein von der Sterblichkeit sich in der Stille des auf sich selbst zurückgefallenen Menschen laut dröhnend bemerkbar macht,[37] es nicht mehr abzuschalten ist, verlangt die Frage nach dem Menschen eine Antwort.

Und erst dann, wenn der Mensch sich der Frage *Was ist der*

Mensch? stellt, gewinnt sein Leben eine Identität, die als seine Identität gelten darf – als seine Identität in dem Sinn, dass der Mensch diese und keine andere haben *will*. Es ist dies, was den Menschen aus dem Bereich der Natur heraushebt und ihm seine besondere Würde verleiht. Da der Mensch sich in seinem Dasein nicht selbstverständlich ist und damit die Möglichkeit besitzt, sich Antwort auf die Frage nach dem Grund seines Daseins zu geben, ist das Wesen des Menschen auf eigentümliche Art

gezeichnet: Er ist das Wesen, das sich in seinem Dasein selbst fraglich ist. Und es ist nicht nur mein Ich, das hier interessiert. In mein Bewusstsein schiebt sich aufdringlich ein anderes Sein, das des anderen Menschen. Kann ich mich diesem Anderen ethisch entziehen? Muss ich mich nicht dessen Antlitz und seinen Fragen aussetzen? Und gleichzeitig bleibe ich belästigt durch die Frage: Woher dies alles? Sage ich pures Faktum zur Welt, und sage ich, der Mensch ist nur das Zufallsprodukt einer mehr oder weniger blind verlaufenden Evolution ohne Ziel, das heißt mit einem »Finale ins Nichts« (Friedrich Nietzsche), so könnte es verführerisch sein zu sagen, eigentlich wäre es besser, es gäbe kein Menschsein. Denn der Mensch ist nicht nur, sondern er ist belästigt durch Fragen. Aus dem Staunen wird leicht die Erfahrung eines Verhängnisses.

Staunen können, antworten müssen

Der Philosoph Emmanuel Lévinas hat in einem ganz anderen Kontext auf ein Phänomen aufmerksam gemacht, welches er als letzte Instanz für ethische Fragen beanspruchte. Erschüttert durch das furchtbare Morden an Unzähligen während der Nazi-Schreckensherrschaft fragte er danach, wie dies Unfassbare künftig verhindert werden könne, und er kommt in seinen Überlegungen zu dem Schluss, dass es das Antlitz des anderen Menschen sei, das mir sagt: »Du wirst keinen Mord begehen.«[38] Begründungen hierfür dürfe es gerade nicht geben, da dann die Möglichkeit, den anderen Menschen töten zu dürfen, bereits wieder im Raum stünde. Wer danach fragt, warum der andere Mensch absoluten Schutz verlangt, hat bereits wieder das Kalkül in den Raum gestellt, ob der Mensch wirklich so unbedingt schützenswert ist. Die Verantwortung für den anderen Menschen ist bei Lévinas nicht selbst gewählt, sondern konstituiert für ihn die Identität des Menschen. Und so besteht die Freiheit des Menschen darin, diese Verantwortung zu übernehmen und ihr zu entsprechen.[39]

Ob das Geschehen von Freiheit und damit auch das Phänomen ethischer Verantwortung so hinreichend komplex beschrieben ist, ist hier nicht das Thema.[40] Es ist die alte Unterscheidung von Genese und Geltung, die zu diskutieren wäre. Zuzustimmen ist Lévinas aber darin, dass mir der Anspruch des Anderen an mich in der konkreten Begegnung aufgeht. Dieser Anspruch ereignet sich, stellt mich vor die Wahl. Womöglich lässt sich dieses Phänomen, von einem anderen Menschen unbedingt angesprochen und angefordert zu sein, auch für das gerade angedeutete Fraglichsein menschlichen Lebens ausdeuten. Eine der Fragen, die mich mit am meisten beunruhigen, ist die, ob ich einem Menschen ins Antlitz sagen dürfte, es wäre besser, es gäbe weder ihn noch mich. Faktisch würde ich dies aber sagen, wenn ich zu dem Schluss käme, angesichts der Welt, wie sie ist, wäre es besser gewesen, es gäbe kein Menschsein. Würde nicht in diesem einen Moment alles infrage gestellt, ja verraten, was gelebt worden ist und damit Ansprüche auf die Gegenwart erhebt?

Schon die Überlegung, ob ich die Frage, ob es nicht besser sei, nicht zu existieren, überhaupt einem anderen Menschen zumuten darf, ist extrem heikel. Denn sie zeichnet eine Unsicherheit in die Selbstverständlichkeit unseres Daseins ein. Kinder stellen diese Frage nicht. Jedenfalls zunächst nicht. Sie leben noch zu unmittelbar, noch vergnügt in den Alltag hinein. Und dies hoffentlich aus einem Grundvertrauen in ihr Umfeld, das sie in Ruhe aufwachsen und sich, die anderen Menschen und die

Schönheit der Welt entdecken lässt. Solche Fragen stellen zu können, setzt voraus, darauf aufmerksam zu werden, in einer Distanz zu allem, was existiert, existieren zu können, indem man diesem seine Selbstverständlichkeit nimmt und es befragt, man kann auch sagen: indem man es in seinem Dasein bestaunt. Wenn man so will, macht dies schließlich das Erwachsengewordensein aus, nämlich nicht mehr in der unmittelbaren Erlebnisgegenwart der Dinge, auch nicht in einer Unmittelbarkeit zum Faktum des Daseins zu existieren. Sondern darüber zu staunen, dass überhaupt etwas, dass ein Kosmos ist und dass es in diesem Kosmos die erstaunenswerte Tatsache des Menschseins gibt.

Und zu diesem Erstaunenswerten gehört auch, dass der Mensch über das Staunenkönnen staunen kann. Könnte er es nicht, gäbe es kein Menschsein, das Fragen stellen kann und nach Antworten verlangt. Weil es aber dieses Staunen gibt, mit aufgebrochen im Sichbewusstwerden des Menschen, ruft die Frage, warum es überhaupt etwas gibt und nicht vielmehr nichts, und ob es nicht besser wäre, es gäbe nichts, nach einer Antwort. Ihre letztverbindlichen Antworten hat sich die Menschheit in dem gegeben, was Religion genannt wird. Ob es einen natürlichen Gottglauben gibt, darüber lässt sich streiten. Unbestritten ist aber, dass es im Menschen eine natürliche Anlage zur Religiosität gibt. Diese hängt mit seinem Wesen zusammen, nach letzten Gründen zu fragen. In der gelebten Religiosität wird deshalb nichts anderes gelebt als die Antwort, die der Mensch sich auf die Frage nach dem Grund und dem Wesen des Ganzen gibt.

Für das konkrete religiöse Selbstverstehen lassen sich verschiedene Möglichkeiten denken, die entscheidend davon abhängen, welches Selbstverständnis der Mensch von sich entwickelt. Es gehört zum Eigentümlichen des christlichen Schöpfungsglaubens, dass er strikt betont: Gott stand in seinem Schöpfungshandeln unter keinem Zwang. Die Welt ist nur deshalb, weil er sie wollte. Und auch das Menschsein gibt es nur, weil er es wollte. Weder hätte es für Gott also eine real existierende Welt geben müssen noch den Menschen. Wenn es dennoch eine Welt und den Menschen gibt, dann deshalb, weil er es wollte. Er mag gute Gründe gehabt haben, das zu wollen, was er gewollt hat.

Solche Aussagen sind Glaubensaussagen. Fraglich allerdings wird sich der Mensch völlig unabhängig vom Glauben. Mit seinem eigenen Fraglichsein wird dem Menschen zugleich alles fraglich. Nichts existiert für ihn einfach so. Vielmehr verhält der Mensch sich staunend dazu, dass etwas ist. Dieses Erstaunen geschieht alltäglich, aber eben auch an Weihnachten. Das kindliche Staunen an Weihnachten ist noch nicht von dieser Radikalität. Es ist unmittelbarer, bezogen auf die Stimmung des Festes und natürlich – wer wollte das ernsthaft verschweigen – auf seine Geschenkwelt. Dem Erwachsenen freilich kann dieses kindliche Staunen durchsichtig werden auf ein radikales Staunen, und es kann sich verbinden mit einem weihnachtlichen Dank für das Daseindürfen. Dieser Dank aber ist immer konkret, und doch bleibt er symbolisch. Warum?

Freisein – konkret

Nach dem bisher Gesagten ist bereits deutlich, dass das, was den Menschen auszeichnet, nicht einfach vom Himmel fällt. Seine eigene Identität ist dem Menschen das am allerwenigsten Selbstverständliche. Eine solche Identität ist vielmehr das Resultat hochkomplexer Prozesse, die sich in konkreten Verhältnissen vollziehen. Sie spielen sich damit heute auch anders ab als in einer Welt vergangener Zeiten. Gesellschaftliche und ökonomische Rahmenbedingungen etwa entscheiden maßgeblich darüber, welche Gestaltungsspielräume der Mensch in seiner und für seine Freiheit hat. Es wäre leichtfertig gegenüber vergangenen Generationen, aber auch im Vergleich zu vielen anderen Gesellschaften dieser Erde, zu behaupten, ihnen würden die gleichen Gestaltungsspielräume zur Verfügung stehen wie heutigen Generationen in Gesellschaften, die unübersehbar reicher sind. Je härter die Lebensbedingungen, umso weniger Muße bleibt dafür, intensiv Fragen nach Identität und Sinn zu stellen (was aber nicht heißt, dass diese Fragen nicht gestellt würden). Wie stark solche Prozesse fremdgesteuert sind, sodass die eigene Identität womöglich kaum noch die eigene genannt werden kann, ist für freiheitsliebende Menschen eine bedrängende Frage. Die Symbole einer solchen Identität – das Image, verkörpert in Kleidung, Musik, Handy und vielem mehr – könnten auch nur Ausdruck subtiler Steuerungsprozesse sein, gelenkt vom alles beherrschenden ökonomischen Kalkül. Solche Mechanismen wirken. Niemand ist frei von den Eindrücken eines sich verändernden Modebewusstseins. Oder vorsichtiger: Nur die Menschen, die darum wissen, dass sich ihre eigene Freiheit in einem immer bereits geprägten und gesteuerten Raum ereignet, können frei sein.

Freilich hat, wer aus Protest gegen solche Mechanismen etwa die Kleidung eines vergangenen Modebewusstseins trägt, damit noch nicht notwendig seine Freiheit demonstriert. Es könnte auch schlicht Ausdruck mangelnder Wahrnehmung dessen sein, dass Menschen nicht einfach so existieren und eine Identität haben, sondern dass sich ihre Identität, soll diese eine sein, die frei gewonnen ist und deshalb diesen Namen verdient, gleichwohl ›materialisiert‹ – sich ihre symbolischen Ausdrucksformen sucht. Freiheit existiert nie abstrakt, sondern indem sie sich einen Ausdruck sucht. Präziser muss man sagen: indem sie diesen Ausdruck und keinen anderen will.

Zumeist besteht diese Wahl der Freiheit darin, dass sie sich zu dem verhält, was ihr vorgegeben ist und dieses nun als das Eigene will oder eben ablehnt. Aber in allem Wählen von etwas, indem der Mensch dieses wählt und jenes ausschließt, indem er diese Musik schätzt und jene andere nicht hört, geschieht Identitätsbildung.

Wer einen anderen Menschen zu verstehen sucht, wissen will, wer er ist, nähert sich ihm über das an, was sich an ihm zeigt. Wie er redet, lacht, aber auch wie er sich kleidet und was er isst, was ihm an der materiellen und kulturellen Welt wichtig ist. Ob er die Moden wechselt oder ob sich bleibende Eindrücke zeigen. In allen diesen scheinbaren Äußerlichkeiten zeigt sich, was und wie der Mensch sein will. Auch noch die selbstverordnete Begrenzung der eigenen materiellen Bedürfnisse auf das Überlebensnotwendige ist Ausdruck dafür, dass der Mensch symbolisch existiert. Sein So-und-nicht-anders-sein-Wollen zeigt sich eben in dem, wie sich der Mensch gibt. Er erzählt so von sich, macht sich erkennbar und lädt dazu ein, entdeckt zu werden.

Identitätsbildung wird nie nur nach innen, für sich selbst betrieben, sondern immer auch im Dialog mit anderen, in den gesellschaftlich-kulturellen und sozialen Bezügen, in denen der Mensch existiert. Wer seine Identität nach außen kommunizieren will, muss sich einer entsprechenden Symbolwelt bedienen. Ja, die Ausbildung der eigenen Identität ereignet sich immer bereits in einer bestimmten symbolisch organisierten Welt. Das Kind, welches lernt ›ich‹ zu sagen, tut dies nicht in einem luftleeren Raum, sondern in den sozialen und kulturellen Bezügen,

in die es hineingeboren wird. Es erlernt und realisiert sein ›ich‹-Sagen konkret, braucht diese Welt, um in und an ihr zu lernen, sich als einen Menschen wählen zu können, der so und nicht anders sein und leben will. Die Außenseite dieser Werdungsprozesse kann sich zeit- und milieuspezifisch sehr unterschiedlich darstellen. Auch wird man kaum bestreiten können, dass milieuspezifische Faktoren immer auch Momente von nicht durchschauter Fremdbestimmung aufweisen. Wer eine von anderen Menschen beachtete Identität haben will, muss sich einer bestimmten Symbolwelt bedienen und in dieser seinen Platz einnehmen. Auch wer in der Radikalopposition seine Identität sucht, bedient sich zu seiner eigenen Identitätskonstruktion dieser Symbolwelten.

Weihnachten und die Freude am Daseindürfen

Auch das Weihnachtsfest nimmt an diesen Konstruktionsprozessen teil wie alle anderen Wirklichkeiten auch, in die das menschliche Leben hineingeboren wird. Wer freilich nicht deterministisch über den Menschen denkt, sondern zumindest mit Freiheitsspielräumen rechnet, der erkennt im real existierenden Weihnachten mit seinen Gewohnheiten und Ausdrucksformen eine Symbolwelt, zu der der Mensch sich verhalten kann. Weihnachten kann dann nicht nur in einer relativ vordergründigen Weise als Teil dieser Welt und ihrer ökonomischen Gesetze betrachtet werden (das ist es zwar auch, aber nicht nur), sondern auch als Teil der Welt, die Menschen gestalten. Und erst als gestaltete Welt bekommt die Welt ein menschliches Antlitz. Sie existiert nicht einfach so für den Menschen. Vielmehr ist sie immer bereits gedeutet und in dem Verfügungsrahmen gestaltet, der Menschen möglich ist.

So ist auch die weihnachtliche Welt des Schenkens auszudeuten als Teil dieser symbolischen Welt, die gestaltet sein will. Ein Geschenk ist nie nur die materielle Sache als solche. In ihm drückt sich vielmehr eine Intention aus, die dem Geschenk und dem Schenken ganz andere Dimensionen gibt.

Damit ist nicht alles gerechtfertigt, was geschieht. Man muss nicht gottgläubig sein, um am wirtschaftlichen, sozialen und kulturellen Elend vieler Gesellschaften und Gruppen dieser Erde zu verzweifeln. Dieses Elend ist und bleibt ein Skandal. Und erst recht muss dieses Elend denen ein Skandal sein, deren Glaube einem Gott gilt, der Gerechtigkeit und Wärme in den sozialen Verhältnissen will. Wenn dieser Gott Mensch geworden ist, dann können Gläubige den Skandal von Elend und Unterdrückung nicht gnadenlos verschweigen. Denn dies bedeutete nichts anderes als Versündigung an diesem Gott. Deshalb darf die Kritik an Weihnachten nicht ausbleiben, wenn dieses sich darauf reduzieren sollte, Inkarnation des reinen Konsums zu sein. Aber über die Wahrnehmung des Elends kann sich auch die Freude am Dasein nicht verschweigen. In der Perspektive des menschgewordenen Gottes wird die Welt endgültig erschlossen als das Geschenk für den Menschen schlechthin. Es ist die Freude am Daseindürfen, die am Weihnachtsfest in besonderer

Weise durchdringt. Diese Freude drückt sich nur selten direkt aus. Kinder vermögen dieser Freude noch sehr spontan Ausdruck zu geben, weil sie ungebrochener durch Erfahrungen, unvermittelter in der Gegenwart und mit den Dingen existieren können. Eben hierin spricht sich aber eine viel grundsätzlichere Freude aus als nur die Freude über bestimmte Dinge. Es bricht ein viel grundsätzlicheres, unverbrauchtes Einverständnis mit dem Dasein durch. Zwar ist dieses sich spontan einfindende

Einverständnis gebunden an konkrete Dinge. An Weihnachten ist dies wie kaum sonst sichtbar, bei dem Glück etwa, das sich mit dem Auspacken eines Geschenks einstellt. Aber dieses Glück beschränkt sich nicht auf das konkrete Geschenk. Vielleicht noch nicht bewusst, artikuliert sich in dieser Situation ein Überschuss an Glücks- und Sinnerfahrungen, die alles Konkrete übersteigen und das stille Einverständnis meinen, überhaupt da sein zu dürfen. Das Leben ist in diesen Momenten ganz bei sich.

In der Erwachsenenwelt ist dies nicht anders. Unterschieden ist sie von der Kinderwelt nur durch eine größere Distanz zu den konkreten Dingen. Wer als Erwachsener etwas geschenkt bekommt, freut sich selbstverständlich auch über das Geschenk. Und je überraschender es ist, je mehr ihm anzumerken ist, dass der Schenkende den Beschenkten kennt und damit wirklich ihn meint, umso schöner. Aber auch umgekehrt ist das Phänomen zu beobachten. Je mehr sich der von mir Beschenkte freut, im Geschenk erkannt zu sein, umso größer ist die Freude bei mir. Diese Logik des Gebens und Hinnehmens konkretisiert sich, ja materialisiert sich regelrecht. Aber zugleich übersteigt sie die konkreten Dinge, macht sie zu Symbolen des Gelingens menschlicher Beziehungen, sodass sich in ihnen zugleich eine großartige Freude am Dasein ausspricht. Wohl niemand würde in einem solchen Moment gelingenden Daseins, der ohne Worte die Gegenwart von Glück und damit von Erfüllung menschlicher Sehnsucht ausspricht, auf den Gedanken kommen, besser nicht zu existieren oder gar die eigene Geburt zu verfluchen. Erst wenn man die radikale Möglichkeit in den Blick nimmt, dass Menschen ihr Dasein als Fluch interpretieren, kann deutlich werden, dass in der Logik des Gebens – des Geschenks – sich noch etwas ganz anderes ausspricht als zumeist erahnt wird. In der Freude über das Geschenk freut sich der Mensch über das Daseindürfen. Er freut sich darüber, beschenkt worden zu sein. Nicht nur mit dem, was ihm zugedacht ist, sondern mit dem Geschenk des Daseindürfens unter Menschen, die ihm wohlgesonnen sind. Und noch mehr gilt dies für den Schenkenden. Spätestens dann, wenn er wahrhaft schenkt, bejaht er das Dasein – das Dasein des anderen Menschen, den er beschenkt, und in eins damit das eigene Seindürfen. Denn überhaupt geben zu können ist eine Gabe. Gottgläubige erkennen hierin die Gabe Gottes schlechthin, die Gabe der Schöpfung.

Weihnachtliches Staunen

Für Christen bedeutet Weihnachten freilich nicht nur die Freude am Daseindürfen, das als Geschenk Gottes schlechthin erscheint. Für sie wird ein Gott erreichbar, der diese Freude am Daseindürfen in einem wahrhaften Menschen geteilt hat. Gott bejaht in seiner Menschwerdung sein Schöpfungswerk in einer von keinem Menschen erahnbaren Weise. Was ist der Mensch, dass Gott so des Menschen gedenkt und sich ihm mitteilt? Dass er selbst Mensch wird, um sich dem Menschen menschlich zu erschließen? Das Staunen gewinnt an Weihnachten nochmals andere Dimensionen.

Denn christlich betrachtet gedenkt Gott des Menschen nicht nur distanziert, aus seiner göttlichen Erhabenheit heraus. Ist ernst genommen, dass der Sohn wahrhaft Mensch geworden ist, dann hat auch das Kind Jesus zu staunen begonnen. Bis dahin, dass dem erwachsen werdenden Jesus uns gleich und insofern wahrhaft menschlich die Welt und er sich selbst zutiefst fraglich werden. Auch Jesus lernt das Fragen und er erlernt, verbindliche Antworten zu geben – bis dahin, dass er der Frage nach dem letzten Grund aller Wirklichkeit, der Frage nach Gott, Antwort gibt.

Es ist dies das vielleicht größte Geheimnis der Menschwerdung, dass Gott selbst in der Gestalt eines Menschen Antwort gibt auf die Frage nach dem letzten Grund aller Wirklichkeit, auch darin solidarisch mit allen anderen Menschen. Denn wenn das Geheimnis der Menschwerdung nicht abgemildert werden soll, dann gibt auch der schließlich nachösterlich als ewiger Sohn des Vaters bezeichnete Jesus mit seiner eigenen Existenz Antwort auf die Fraglichkeit des Menschen, und zwar indem er sich vertrauensvoll auf den bezieht, den er mit *abba* anredet – auf die Frage mithin: Warum ist überhaupt etwas und nicht vielmehr nichts?

Natürlich kann niemand erahnen, ob Jesus jemals in solcher Deutlichkeit diese Frage gestellt hat. Aber selbst wenn er sie so nicht gestellt hat, so hat er auf sie geantwortet. Er bejaht das Dasein, indem er die Freude am Dasein teilt, ja will, dass die Freude am Dasein erlebt wird. In allem uns gleich geschieht dies konkret und damit immer symbolisch. Auch Jesu konkrete Menschenzuwendung bleibt hinter dem zurück, was sie aussagen will: Gottes unbedingtes Ja zum Menschen und seine Bitte, das Daseindürfen als das Geschenk Gottes schlechthin anzunehmen; die eigene Geburt und die Geburt der anderen nicht als Unglück, sondern als Gnade anzunehmen. Es gibt kaum historische Informationen über den Lebensalltag Jesu. Und es muss hier auch nicht diskutiert werden, was an den biblischen Überlieferungen reale Begebenheiten zum Hintergrund hat. Aber der Glaube an das wahre Menschsein Jesu erfordert es, damit zu rechnen, dass er die Freude am Daseindürfen so zum Ausdruck bringt wie alle anderen Menschen auch, durch die kleinen Gesten des Alltags, die Aufmerksamkeiten und Gaben. In Gottes Menschenzuwendung – bereits im unwissenden Lächeln des Säuglings und in den konkreten Gesten Jesu – spricht sich diese Bitte Gottes aus, das Leben als Geschenk anzunehmen.

Jesus versteht seine Gesten als Ausdruck von Gottes Menschenzuwendung und -liebe. Und deshalb enthalten sie einen Sinnüberschuss, über den hinaus kein größerer zu denken ist: die Verheißung einer Zukunft, die diesen Namen verdient. Aber es ist eben die Verheißung einer Zukunft, die sich einschreibt in dieses Leben. Die weihnachtliche Freude begreift deshalb den Menschen, sein Seindürfen, als das Wunder Gottes schlechthin. Sie verschweigt darüber nicht, wie arg dem Menschen dieses Wunder häufig wird und dass er dafür einen hohen Preis zahlt. Aber dass er überhaupt sein darf und dass Gott selbst Mensch wird, um seine Freude am Menschen menschlich erfahrbar zu machen, lässt das Weihnachtsfest in einer Weise erstrahlen, die Menschen immer wieder in den Bann zieht. Es ist ein Lob der Schöpfung. Deshalb sollen und dürfen Menschen Weihnachten feiern.

Epilog

Es gibt kaum einen härteren Christentumskritiker als den Philosophen Hans Blumenberg. Von den Nazis als sogenannter Halbjude diskriminiert und verfolgt, hat er in der *Matthäuspassion* die vielleicht subtilste und in ihrer Kritik energischste Auseinandersetzung mit dem Christentum im 20. Jahrhundert vorgelegt.[41] Jedenfalls mit *dem* Christentum, das ihm als Christentum begegnete. Dass es auch einen anderen, nicht von der Logik von Fall und Wiedergutmachung durch das Sohnesopfer bestimmten Verstehenszugang zu diesem Juden aus Nazareth geben könnte, ist ihm nicht in den Sinn gekommen. Er gehört zu den vielen, die sich im Verlauf ihrer Biografie aus dem Christentum verabschiedeten. Ihre Sehnsucht blieb, aber aus Gründen der intellektuellen Redlichkeit konnten sie an diesen Gott nicht mehr ihr Herz hängen.

Traurige Sehnsucht

Allerdings wurden aus dem Nachlass des 1996 verstorbenen Philosophen *Notizen zum Atheismus* in der *Neuen Rundschau* publiziert, unter denen sich ein Aphorismus findet, der in grandioser Weise den Ausgangspunkt der hier vorgelegten Meditationen variiert: Kann geschehen sein, was doch eigentlich nicht sein kann? Dass Gott Mensch geworden ist und sich in dieser, einer wahrhaft menschlichen Gestalt der Menschheit ausgesagt hat? Vor allem aber: Wäre es nicht zu schön, um wahr zu sein, sollte sein, was der Mensch fast nicht zu glauben vermag – dass nämlich ein Gott existiert, der selbst Mensch wird? Unter der Überschrift *Atheistenweihnacht* heißt es: »Er liest das zweite Kapitel des Lukasevangeliums. Und denkt: Wenn es einen Gott gäbe, müsste er diese Geschichte erfunden haben.«[42] Unüberhörbar ist die Melancholie, die sich hier ausspricht. Sie ist eine zutiefst menschliche, sensibilisiert für die Zerbrechlichkeit des Lebens. Es ist keine Melancholie, die sich an sich selbst ergötzt, sondern eine, die noch um die Sehnsucht nach Unbedingtheit weiß, die Menschen aus sich heraustreiben können und die dann ihr Innerstes bestimmt. Keine billige Sehnsucht also, sondern eine, die Menschlichkeit will – eine Welt ohne Schmerz, Niedertracht und Ungerechtigkeit. Aber diese Melancholie hat sich nicht nur am Menschen entzündet, sondern auch an Gott. Wobei immer präziser zu sagen ist: an dem Gott, wie er als Konzept in der Geschichte entwickelt wurde. Zu diesem ›Gott‹ gehörte wie selbstverständlich die Rede von seiner Vollkommenheit, in religiöser Sprache die von seiner Heiligkeit. Ist Gott wirklich heilig? Oder kommt die Rede von der Heiligkeit Gottes nur deshalb so leicht über die Lippen, weil ihm seine Schöpfung ›genommen‹ wurde und man ihn nicht mit dem Übel der Welt belastet? Nicht mehr Ernst gemacht ist damit, dass er der freie Schöpfer des Himmels und der Erde ist, der es demnach auch hätte unterlassen können, eine Welt zu wollen?

Immer wieder irritiert mich, dass in dem Moment, in dem die Erfahrung zugelassen wird, diese Heiligkeit infrage gestellt und Gott verabschiedet wird. »Die Frömmigkeit des frommen Atheisten«, bestehe darin, »dass er nicht anders« könne, »als das Verlorene religiös ernst zu nehmen«, und darum störe es ihn, so Herbert Schnädelbach, »wo es in bloße Garnitur unseres profanen Alltags aufgelöst« wird.[43] Lebte sich das ›christlich‹ gefeierte Weihnachtsfest wirklich nur »als weichgespülte Geborgenheitsreligion«[44] aus, ohne die Anstößigkeit des Glaubens an den Schöpfergott zu ahnen, so ließe sich dies Kindern noch leicht nachsehen. Kinder dürfen sich noch in einer Naivität aufhalten, die eine Welt des schönen Scheins zulässt. Erwachsene hingegen sollten sich davor hüten, kindlich zu sein. Die biblische Aufforderung, wie die Kinder zu werden (Mt 18,3), meint nicht, den Glauben an Gott zu einer Garnitur des Alltags werden zu lassen. Denn ein solcher Glaube hat keine Bewährungschance im realen Leben. Hält er sich dennoch durch, so um den Preis, dass er die verlangte moralische Sensibilität aufgibt. Das eigene Leben vermag im Rahmen menschlicher Möglichkeiten relativ glücklich verlaufen. Wenn es sich aber nicht immunisiert gegenüber den Erfahrungen anderer, es sich betreffen und verletzen lässt von den geschundenen Antlitzen und des Geschehenen gedenkt, setzt sich der Glaube Anfragen und Zweifeln aus. Soll er nicht weniger fromm sein als die »Frömmigkeit des Atheisten«, die darin besteht, lieber nicht mehr zu glauben, als zynisch zu werden, so ist deutlich zu machen, dass die Krippenidylle für die eschatologische Hoffnung steht, dass endlich Friede sei und kein Leid mehr herrsche. Und ist der Glaube wie der geforderte Glaube der Kinder, dann ist damit kein kindischer Glaube gemeint, sondern einer, der vertraut, der sich immer stärker in ein Vertrauen einübt. Dieses Vertrauen setzt darauf, dass der Gott, der sich selbst in der Geschichte zur Erscheinung gebracht hat, das Versprechen der Treue zu seiner Schöpfung einlösen wird.

Glauben – nicht wissen

Christinnen und Christen glauben – sie wissen nicht. Sie glauben daran, dass Gott seine Schöpfung nicht sich selbst überlassen wird. Möglicherweise fällt es Menschen, die in einer solchen Hoffnungsperspektive leben, leichter, das Leben trotz allem als das Geschenk schlechthin anzunehmen. Wobei hieraus nicht zu folgern ist, dass religiös unmusikalische Menschen, denen das Faktum der Geburt und damit die eigene Existenz letztlich nur ein Zusammenspiel von Zufall und Kontingenz ist, das Leben prinzipiell ablehnen müssten. Sich selbst als Mensch in Freiheit zu wollen, ist auch unter nichtreligiösen Denkbedingungen das Größte, das der Mensch wollen kann. Was Christenmenschen von anders religiösen und nichtreligiösen Menschen unterscheidet, ist lediglich, dass sie zu glauben vermögen, dass in der Menschwerdung des Gottessohnes und damit im Geschick des Juden aus Nazareth Gott selbst ein Zeichen in die Welt und ihre Geschichte gesetzt hat, dass er alle seine Geschöpfe für sich gewinnen will. Diese Welt und ihre Geschichte aber bleibt die von Gott den Menschen zugemutete Wirklichkeit, in der der Mensch der Mensch Gottes und Gott dem Menschen Gott werden kann.

Freilich ist diese Geschichte so groß, so unausdenkbar, dass auch in den christlichen Glauben Eingeübte immer wieder von Skepsis ereilt werden oder doch zumindest ereilt werden könnten, wenn sie diesem Glauben nachdächten. Vielleicht ist die Größe dieser Geschichte ja auch nur zu erahnen, wenn man ihr einmal mit Skepsis begegnet ist. Aber genauso, wie immer wieder Skepsis aufkommt, scheint auch die Sehnsucht nach einem solchen Gott unstillbar zu sein. Solange jedoch zwischen denen, die glauben können, und denen, die melancholisch gestimmt nicht mehr glauben können, das Gespräch nicht abreißt und die Geschichte vom Kind in der Krippe erzählt wird, muss man um den Glauben an das Gute im Menschen keine Sorge haben. Um die Wahrheit und Auslegung dieser Geschichte aber muss immer wieder neu gestritten werden. Denn es geht in ihr um die humanste Möglichkeit, die sich Menschen erhoffen können – um einen Gott, der selbst Mensch wird und der ein Versprechen in die Welt gesetzt hat, über das hinaus kein Größeres ausdenkbar ist, nämlich einen jeden einzelnen Menschen für sich gewinnen zu wollen. Dass diese Geschichte wahr ist, kann nur geglaubt werden. Das Flüstern an der Krippe markiert eine unausweichliche Schwebe zwischen Sehnsucht und Skepsis. Sich einzuüben im Christentum heißt aber nicht, die eigene Existenz in der Schwebe zu halten. Sich biografisch im Christentum einzuüben heißt, sich immer mehr dazu zu entscheiden, mit keinem anderen Gott als mit diesem leben zu wollen. Wem das gelingt, der feiert Weihnachten und damit Erlösung bereits jetzt. Fröhlich, aber nicht weltvergessen.

Anmerkungen

1 http://userpage.fu-berlin.de/~fupresse/FUN/2000/12-00/wissenschaft/wissenschaft1.html (zuletzt aufgerufen am 19.03.2015).

2 Ernst Bloch, Das Prinzip Hoffnung. 3 Bde., Frankfurt a. M. 1973 [1959], Bd. 3, 1628.

3 Vgl. insgesamt Anton Vögtle, Was Weihnachten bedeutet. Meditation zu Lukas 2,1-20, Freiburg 1977. Auch wenn diese Studie schon etwas älter ist, so hat sie von ihrer Lesbarkeit nichts eingebüßt.

4 Vgl. hierzu Thomas Pröpper, Theologische Anthropologie. 2 Bde., Freiburg 2011, Bd. 1, 326–373.

5 Vgl. Theodor W. Adorno, Negative Dialektik, Frankfurt [3]1982, 73.

6 Vgl. Johann Baptist Metz, Plädoyer für mehr Theodizee-Empfindlichkeit in der Theologie, in: Willy Oelmüller (Hg.), Worüber man nicht schweigen kann. Neue Diskussionen zur Theodizeefrage, München 1992, 107–137, 135.

7 Martin Luther, Werke. Kritische Gesamtausgabe, 17 II, Weimar 1927, 282.

8 Vgl. Augustinus, Vom Gottesstaat. De civitate Dei. Aus dem Lateinischen übertragen von Wilhelm Thimme. Eingeleitet und kommentiert von Carl Andresen, München [4]1977, Bd. 1, XXI. 17, 712 f.

9 Friedrich Nietzsche, Nachgelassene Fragmente 1886 – Herbst 1887 (= KSA; 12), München [2]1988, 213.

10 Karl Löning/Erich Zenger, Als Anfang schuf Gott. Biblische Schöpfungstheologien, Düsseldorf 1997, 44.

11 Anton Vögtle, Was Weihnachten bedeutet, 141.

12 Ebd.

13 Vgl. hierzu Michael Theobald, Kirche und Israel nach Röm 9-11 (1987), in: ders., Studien zum Römerbrief (= WUNT; 136), Tübingen 2001, 324–349.

14 Vgl. Benedikt XVI., Enzyklika Deus caritas est (= Verlautbarungen des Apostolischen Stuhls; 171), Bonn 2006.

15 Vgl. Thomas Pröpper, Erlösungsglaube und Freiheitsgeschichte. Eine Skizze zur Soteriologie, München [3]1991, 71–73.

16 Vgl. die schöne Interpretation dieser Bitte bei Jürgen Werbick, Vater unser. Theologische Meditationen zur Einführung ins Christsein, Freiburg 2011, 131–152.

17 Umberto Eco, Brief an Kardinal Martini, in: Umberto Eco/Carlo Maria Martini, Woran glaubt, wer nicht glaubt?, Wien 1998, 93.

18 Emile M. Cioran, Die verfehlte Schöpfung, Frankfurt 1979, 33.

19 Theodor W. Adorno, Metaphysik. Begriff und Probleme [1965]. Hg. v. Rolf Tiedemann, Frankfurt a. M. 2006, 208.

20 Vgl. Martin Heidegger, Sein und Zeit, Tübingen ^{16}1986 (1926), 263: »Der Tod ist die *eigenste* Möglichkeit des Daseins. Das Sein zu ihr erschließt dem Dasein sein *eigenstes* Seinkönnen, darin es um das Sein des Daseins schlechthin geht. Darin kann dem Dasein offenbar werden, daß es in der ausgezeichneten Möglichkeit seiner selbst dem Man entrissen bleibt, das heißt vorlaufend sich je schon ihm entreißen kann. Das Verstehen dieses ›Könnens‹ enthüllt aber erst die faktische Verlorenheit in die Alltäglichkeit des Man-selbst.«

21 Vgl. Hans Ulrich Gumbrecht, Tod im Kontext. Heideggers Umgang mit einer Faszination der 1920er Jahre, in: Dieter Thomä (Hg.), Heidegger-Handbuch. Leben – Werk – Wirkung, Stuttgart 2003, 98–103, bes. 102.

22 Vgl. meine Darstellung in Magnus Striet, Das Ich im Sturz der Realität. Philosophisch-theologische Studien zu einer Theorie des Subjekts in Auseinandersetzung mit der Spätphilosophie Nietzsches (= ratio fidei; 1), Regensburg 1998, 163–166.

116 23 Vgl. Jörn Leonhard, Die Büchse der Pandora. Geschichte des Ersten Weltkriegs, München 2014, 11;25.

24 Martin Heidegger, Nietzsche: Der Wille zur Macht als Kunst. Hg. v. Bernd Heimbüchel (= GA; 43), Frankfurt a. M. 1985, 274.

25 Ebd.

26 Ebd.

27 Martin Heidegger, Überlegungen XII–XV (Schwarze Hefte 1939–1941). Hg. v. Peter Trawny (= GA; 96), Frankfurt a. M. 2014, 243.

28 Vgl. ebd., 56: »Die Juden ›leben‹ *bei ihrer betont rechnerischen Begabung* am längsten schon nach dem Rasseprinzip, weshalb sie sich auch am heftigsten gegen die uneingeschränkte Anwendung zur Wehr setzen. Die Einrichtung der rassischen Aufzucht entstammt nicht dem ›Leben‹ selbst, sondern der Ermächtigung des Lebens durch die Machenschaft.«

29 Martin Heidegger, Zur Erörterung der Gelassenheit. Aus einem Feldgespräch über das Denken, in: ders., Gelassenheit, Pfullingen 1959, 29–73, 31.

30 Martin Heidegger, Gelassenheit, in: ders., Gelassenheit, Pfullingen 1959, 9–28, 27.

31 Adorno, Metaphysik, 208. Als ich unter dem Eindruck der Anfang 2015 ausgebrochenen Heidegger-Diskussionen in den Feuilletons der großen Gazetten nochmals den erstmals 1953 von Jürgen Habermas in der FAZ publizierten Text *Martin Heidegger. Zur Veröffentlichung von Vorlesungen aus dem Jahre 1935* (wiederabgedruckt in ders., Philosophisch-politische Profile, Frankfurt a. M. 1971, 67–75) las, in dem Habermas die in der Philosophie Heideggers strukturell angelegten Legitimationspotenziale faschistischer Gewaltpolitik nachwies und zugleich zeigte, dass diesem das Korrektiv »der Idee der Gleichheit« und der »Freiheit eines jeden« fehle, war ich überrascht, als wie hellsichtig sich diese Analyse im Licht von heute zeigt. Gleichzeitig intensiviert sich meine Verwunderung, dass man von Seiten der Theologie (teils bis heute) meint, bei diesem Denken anknüpfen zu können.

32 Vgl. die Verzweiflungsanalysen in Sören Kierkegaard, Die Krankheit zum Tode. Der Hohepriester – der Zöllner – die Sünderin (= Gesammelte Werke; Abt. 24/25), Gütersloh ^{4}1992.

33 In dieser Weise menschlich von Jesus zu denken, läuft nicht darauf hinaus, ihm seine Gottessohnschaft absprechen zu wollen. Wenn die Freiheit Jesu als identisch mit der Freiheit des Sohnes geglaubt wird, so macht dieser allen anderen Menschen gleich eine Bildungsgeschichte durch. Freilich findet hier eine Setzung statt, die nur im Glauben zu akzeptieren ist. Maria so auszudeuten, wie ich dies gerade

andeutend versucht habe, verlangt dann allerdings, ihre Bedeutung nicht mehr vor dem Hintergrund des augustinischen Erbsündenkonstrukts zu erschließen. Nicht zu vergessen ist ja, dass Maria theologieideengeschichtlich deshalb aus dem Sündenzusammenhang herausgenommen wurde, um Jesus nicht mit der ›Erbsünde‹ belasten zu müssen.

34 Peter Sloterdijk, Die schrecklichen Kinder der Neuzeit. Über das anti-genealogische Experiment der Moderne, Berlin 2014, 23.

35 Kierkegaard, Die Krankheit zum Tode, 79. Wenn Kierkegaard schreibt, kein Mensch vermöge aus eigenem Vermögen und von sich aus zu sagen, was Sünde sei, »eben deshalb, weil er in der Sünde« sei (ebd., 94), so ist die Begründungsstruktur hierfür freilich zu modifizieren. Kierkegaard denkt in der Perspektive eines erbsündlichen Falls, während die hier vorgetragenen Überlegungen von der Perspektive kultureller Evolution geleitet sind.

36 Jean-Paul Sartre, Das Sein und das Nichts. Versuch einer phänomenologischen Ontologie (= Gesammelte Schriften. Philosophische Schriften I, 3), Reinbek bei Hamburg 1994, 1052.

37 In Anspielung auf Karl Rahner, Gotteserfahrung heute, in: ders., Schriften zur Theologie. Bd. IX, Einsiedeln u.a. 1970, 161–176, 168.

38 Emmanuel Lévinas, Totalität und Unendlichkeit. Versuch über die Exteriorität, Freiburg/München 1987, 285.

39 Sehr gut herausgearbeitet finden sich die Strukturen des Denkens von Lévinas bei Eva Buddeberg, »Du wirst nicht töten«. Lévinas` Ethik der Verantwortung als erste Philosophie, in: Deutsche Zeitschrift für Philosophie 60 (2012) 705–724.

40 Vgl. hierzu kritisch meine Überlegungen in Magnus Striet, Gegenbegriff Gott oder: Meditationen mit Kant und Lévinas, in: Florian Bruckmann/Rene Dausner (Hg.), Im Angesicht der Anderen. Gespräche zwischen christlicher Theologie und jüdischem Denken. FS für Josef Wohlmuth zum 75. Geburtstag, Paderborn u.a. 2013, 331–344.

41 Vgl. Hans Blumenberg, Matthäuspassion, Frankfurt a.M. 1988. Vgl. zu Blumenberg meine Interpretation in Magnus Striet, Domestizierung Gottes. Eine andere Lesart neuzeitlicher Theodizee, in: Helmut Hoping u.a. (Hg.), Die Bindung Isaaks. Stimme, Schrift, Bild, Paderborn u.a. 2009, 213–224.

42 Hans Blumenberg, Atheistenweihnacht, in: Neue Rundschau 118 (2007) 158.

43 Herbert Schnädelbach, Der fromme Atheist, in: Magnus Striet (Hg.), Wiederkehr des Atheismus. Fluch oder Segen für die Theologie, Freiburg 2008, 11–20, 14.

44 Ebd.